中小学阅读实用策略

ZHONGXIAOXUE YUEDU SHIYONG CELVE

徐凤芹 著

吉林人民出版社

图书在版编目（ＣＩＰ）数据

中小学阅读实用策略 / 徐凤芹著. -- 长春：吉林人民出版社，2020.12
ISBN 978-7-206-15964-0

Ⅰ.①中… Ⅱ.①徐… Ⅲ.①阅读课—中小学—教学参考资料 Ⅳ.①G634.333

中国版本图书馆CIP数据核字(2020)第240484号

中小学阅读实用策略

著　　者：徐凤芹
责任编辑：卢俊宁　　　　　　　封面设计：白伟
吉林人民出版社出版发行（长春市人民大街7548号邮政编码：130022）
印　　刷：长春市华远印务有限公司
开　　本：787mm×1092mm　　1/16
印　　张：10　　　　　　　　　字　　数：120千字
标准书号：ISBN 978-7-206-15964-0
版　　次：2020年12月第1版　　印　　次：2020年12月第1次印刷
定　　价：58.00元

如发现印装质量问题，影响阅读，请与出版社联系调换。

前 言

孩子的阅读为什么如此重要

1. 阅读能力是整个学习能力的核心

很多老师、很多家长有这样的观点：我把孩子送到学校，不就是在学习阅读吗？他读语文教材不就是在学习阅读吗？

我想说，不是这样的，语文教材的学习不能代替整个儿童阶段的阅读，光靠语文教材，每个学期一本薄薄的语文教材，三五万字，是没有办法帮助孩子形成良好的阅读习惯的。

所以三年级之前应该养成良好的阅读习惯和阅读兴趣，要鼓励孩子读课外书，多看课外书。

苏联有一位伟大的教育家叫苏霍姆林斯基，他曾经说过这样一句话："让学生变聪明的方法不是补课，不是增加作业量，而是阅读、阅读、再阅读。"

2. 阅读可以培养孩子的关键能力

在这样一个知识爆炸的年代，知识十分重要。

但是在互联网高度发达的年代，在人类获取知识如此容易的年代，死记硬背的知识变得没有那么重要了。

对于孩子未来要应对的这个时代，可能有的能力更加重要，比如说合作能力、沟通能力、与人交流的能力等等，我们觉得这些是关键的能力。

学习阅读和用阅读来学习的关键时期

美国的查尔教授在1996年曾经提出一个关于儿童阅读能力与认知发展的横轴。从这个横轴我们可以看到，幼儿园、学龄前、小学、中学不同阶段的阅读能力和孩子的整个认知能力的发展是相匹配的。

9岁以前是儿童阅读发展的第一个阶段，我们称其为学习阅读。9岁以后，儿童应该通过阅读来学习。说的是什么意思呢？就是说9岁（在小学的三四年级的时候）是一个阅读的关键期，这个时候就应该让孩子学会阅读，要初步掌握阅读的这个工具。

孩子在三四年级的时候是学习成绩容易分化、容易滑坡的阶段，这个在中外都一样。在美国也是这样，他们有"三年级滑坡"这样一个词汇。为什么会分化呢？除了课程的难度加大以外，很多时候是与孩子的阅读能力没有跟上有关系。

那么9岁以后，"通过阅读来学习"是什么意思呢？

就是说掌握了阅读这个工具以后，需要通过大量的阅读来丰富自己的知识，来开阔自己的眼界，这样到18岁的时候才能过渡到功能性的阅读。

小学阶段如何培养孩子的阅读能力

阅读能力包括哪些？

阅读能力有以下要素：

1.认读能力。认读能力是阅读能力的基础，一般包括对文字符号的感知与辨识能力、识字量和认读速度。它是以一定的识字量为基础的。

2.理解能力。阅读理解是阅读能力的一个重要指标,包括:文中重要词语和养分词语的理解能力、文中重要内容的理解、文章结构和表现形式的理解、作者观点与思想的理解。

3.鉴赏能力。文学的鉴赏能力是对文学的欣赏和评价能力,朱自清认为这是一种"情感的操练"。

4.评价能力。评价能力是指对阅读材料的思想内容、表现形式、风格特征等做出评判的能力。

5.活用能力。活用是指阅读的迁移能力,是把在阅读中学到的知识加以运用的能力。

6.阅读技巧。阅读技巧包括朗读技能、默读技能、速读技能、良好的阅读习惯等。

儿童阅读与成人阅读心理的差异

儿童的思维发展正处于直观形象思维阶段,所以他们的阅读心理与成人的阅读心理之间存在许多差异。

这主要表现为:

成人主要是阅读文字材料,而儿童主要是阅读直观形象的图画材料;

成人阅读注重材料的内在逻辑联系和实际的意义,而儿童阅读则注重材料的趣味性和画面的生动性;

成人阅读的目的是从材料中获得有用东西,而儿童阅读的目的是从阅读过程中获得乐趣;

成人在阅读过程中,材料的内容不断地变化,而儿童更喜欢重复阅读自己已经熟悉了的内容;

成人喜欢阅读能够对自己发展有启发作用的读物,而儿童喜欢具有人性化、拟人化的童话故事。

提高阅读能力的方法

方法一：提问阅读法+重复阅读法

让孩子带着疑问来阅读，可以提高孩子的阅读兴趣。如读《小红帽》时，边读边给孩子指：这就是小红帽，这是小红帽提的篮子，这是大灰狼。然后，每翻一页书，让孩子指出画面中出现了什么人物。

有些材料的阅读，如儿歌、诗词、经典故事等，可以让孩子多次阅读，能够达到背诵的程度。这样，家长翻开这些书时，读其中的一部分内容，然后让孩子看图"读"(其实是背)出相关的内容。

为什么要这样做呢？这主要是让孩子有一种自我实现感，即"我也能读书了"。这一点非常重要。当孩子正确"读"了书中的内容，家长应及时鼓掌给予表扬。

方法二：角色扮演法+想象阅读法

当孩子已经熟悉了书中的内容，爸爸、妈妈和孩子可以分别扮演不同的角色来阅读故事书。

如读《小红帽》这篇故事时，孩子可以扮演小红帽，妈妈扮演妈妈和奶奶，爸爸则扮演大灰狼。然后根据画面上出现的角色，每个人说出各自角色所说的话。

这样的阅读不仅能让孩子在阅读过程中体会到阅读的乐趣，而且还能培养孩子的良好阅读习惯，提高其注意力。

当家长给孩子读了某些故事或内容后，让孩子发挥自己的想象力，说出故事中的人物将会如何发展。

例如，在读《白雪公主》这篇故事时，最后的结尾是"王子与白雪公主从此幸福地生活在一起，而王后变得非常丑陋"。这时可以让孩子从两个方面展开想象。一是让孩子想象王子和白雪公主是如何幸福地生活的；二是让孩子想象王后变丑陋后的生活，并问孩子为什么会这样。

想象阅读法是培养孩子创造力的重要途径之一。大科学家爱因斯坦曾说过："想象比思维更重要。"

培养阅读能力的方法

1.为孩子朗读，打开孩子的阅读大门

要培养孩子的阅读能力，我认为应从给孩子朗读开始。

父母为孩子朗读是与孩子交流的一种特别有效的方式。朗读所提供的语言信息是经过加工提炼的、优美的、规范的书面语言。如果朗读的是韵文，则能使孩子注意到语言中的逻辑停顿和语调中的抑扬顿挫，这有助于孩子对语言美的感悟和对作品的理解。

美国已发起一场"运动"——号召妈妈们在一天的24小时之内抽出宝贵的20分钟，坚持为孩子朗读，从婴儿起直至中学阶段，以作为对抗电视机、游戏机的有力武器。

用朗读这种特殊方式与孩子交流，在中国当今家庭中已不多见了，或者说被多数家庭忽视了，我呼吁我们的读者家长们也应该拿起这个"武器"，坚决向"电视儿童"和"游戏儿童"说"不"。

以下是为孩子朗读的4个要点，供家长们参考。

（1）朗读的开始：朗读开始的时间宜早不宜迟，可以从新生儿期就开始。

（2）朗读的规律：最好是睡前朗读，以养成习惯。习惯即为三定：定时、定地点、定朗读者。

（3）作品的选择：选择好书，不仅儿歌、故事可以朗读，经典著作、名篇佳作都未尝不可。

（4）朗读的方式：朗读者一定要有表情地、抑扬顿挫地朗读。

在孩子已进入阅读状态后，仍坚持朗读。有了这个基础，我们再来谈谈，如何把孩子带进阅读天地。

2.先背诵、后认字，让孩子和文字做游戏

这种方法广泛适用于儿歌，因为儿歌朗朗上口、合辙押韵、容易背诵，加上字数少，孩子可以一下子把所要学习的内容烂熟于心。

但背不是目的。背诵下来后，我们再把这首儿歌（古诗也可以少量运用）展现在孩子面前，通过以手指字的形式（即在读到某个字时，手指同时也指着这个字），使字音和字形重合，完成辨字音、认字形的过程，也就实现了正确认读的目的。

或许有些父母会问，为什么一定要"以手指字"呢？根据我长期的教学经验证明，用手指字，才能真正使孩子的阅读和识字过程达到"音形重合"的效果。

在以上的过程中，首先要解决"背"的问题，要背熟，这样才有利于形成对整个内容的把握，孩子才能利用上下字、上下句的逻辑联系，对号入座，甚至无师自通地把这个字读出来。

实践证明，孩子们非常喜欢跟着父母念儿歌，他们显然不认为这是在"学习"，而是在进行一项有趣的游戏。

著　者

2020年8月

目 录

第一章　陪读从绘本开始……………………………………………01
　你我的孤独——读《我有友情要出租》………………………………09
　心中的月亮——读《月亮，生日快乐》………………………………12
　爱的魔法石——读《驴小弟变小石头》………………………………14
　以透明的心享受生活——读《蚯蚓的日记》…………………………17
　让美好继续——读《大猩猩》…………………………………………20
　美丽的种子——读《兔子坡》…………………………………………23
　找寻梦开始的地方——读《点》………………………………………26
　穿越时空——读《三毛流浪记》………………………………………29
　放飞梦想的蝴蝶——读《蝴蝶·豌豆花——中国经典童诗》………32
　生命的价值与意义——读《玩具诊所》………………………………35
　插上语言的翅膀——读《笠翁对韵》…………………………………39

第二章　小古文的阅读……………………………………………41
　征人久不能归的怨情——读《征人怨》………………………………52
　友人间的惜别之情——《送杜十四之江南》…………………………54
　春天的气息——读《田园乐（其六）》…………………………………56
　食螃蟹之绝唱——读《螃蟹咏》………………………………………58

第三章　儿童小说的阅读…………………………………………60
　在经历中成长——读《亲爱的汉修先生》……………………………66

生命的脆弱与坚强——读《夏洛的网》·················· 69
微笑面对——读《了不起的狐狸爸爸》·················· 71
快乐就好——读《火鞋与风鞋》······················ 74
自由的精灵——读《长袜子皮皮》····················· 77
狡猾与智慧——读《狐狸列那的故事》··················· 81
生命的真相——读《小淘气尼古拉的故事》················ 83
心灵的赛场——读《风之王》······················· 86
神秘的怪兽——读《尼瑙克山探险》···················· 90
有家的感觉真好——读《木偶的森林》··················· 93
品尝生活的滋味——读《出走的泰奥》··················· 96
蓝色的生命之歌——读《蓝色的海豚岛》················· 99
奇妙的精神之旅——读《爱德华的奇妙之旅》·············· 103
沉甸甸的荣誉——读《今天我是升旗手》················· 107
成长的代价——读《我要做好孩子》···················· 110
心与心的距离——读《一百条裙子》···················· 113
心中的世界——读《兰心的秘密》····················· 116
生命中不得不想的真实哲理——读《毛毛》················ 119
心向光明——读《光草》·························· 123
打开生命的盒子——读《克拉拉的箱子》················· 126
用自己的方式改变生活——读《人鸦》·················· 130
黑暗中的一束光——读《浪漫鼠德佩罗》················· 133
永恒与可能——读《企鹅的故事》····················· 138
善待自己，悦纳他人——读《苦涩巧克力》················ 141
实践是成长的大路——读《海蒂的天空》················· 144
自己探寻的意义——读《神秘的公寓》·················· 148

第一章　陪读从绘本开始

绘本最值得强调的就是它的文学性和艺术性。它出现于19世纪晚期，到20世纪中期开始充分发展，是新时代出现的、由传统的高品位的文学和艺术交织出的一种新样式。

绘本中的文字非常少，但正因为少，对作者的要求更高：它必须精练，用简短的文字构筑出一个跌宕起伏的故事；它必须风趣活泼，符合孩子们的语言习惯。因此，绘本的作者往往对文字仔细推敲，再三锤炼。更值得一提的是图画，绘本用图画讲故事的方式，把原本属于高雅层次、仅供少数人欣赏的绘画艺术带到了大众面前，尤其是孩子们的面前。这些图都是插画家们精心手绘，讲究绘画的技法和风格，讲究图的精美和细节，是一种独创性的艺术。可以说，好的绘本中每一页图画都堪称艺术精品。

绘本中要读的绝不仅仅是文字，而是要从图画中读出故事，进而欣赏绘画。著名心理专家郝滨老师认为："如果家长能有意识地选择一些优秀的绘本和孩子们一起阅读，既有助于帮助孩子建构精神世界，促进心智发展，又有助于培养孩子良好的道德品质和行为习惯。善加使用，可以在人的一生中起着奠基的作用。"当然，绘本不能立竿见影地实现我们对孩子的所有期望，但绘本中高质量的图与文，对培养孩子的认知能力、观察能力、沟通能力、想象力、创造力，还有情感发育，等等，都有着难以估量的潜移默化的影响。

专家一致认为：绘本是最适合孩子阅读的图书形式。儿童心理学研究认为，孩子认知图形的能力从很小就开始慢慢养成。虽然那时的孩子不识字，但已经具备了一定的读图能力，如果这时候家长能有意识地和孩子们一起阅读绘本，营造温馨的环境，给他们读文字，和他们一起看图讲故事。那孩子们从刚开始接触到的就是高水准的图与文，他们将在听故事中品味绘画艺术，将在欣赏图画中认识文字、理解文学。比起那些一闪而过、只带来一时快感的快餐文化，欣赏绘本无疑是一种让眼睛享受、让心灵愉悦、让精神提升的美妙体验。

3—6岁的主题阅读期，怎么选绘本

作为家庭教育的一部分，很多父母意识到绘本阅读可以给孩子带来诸多可喜的变化，比如满足其好奇心，帮助其学习良好的习惯，提高其语言表达能力……阅读是一种浪漫的教养方式，对孩子成长的重要性不言而喻。

道理大家都懂，然而面对自己家孩子的阅读培养问题，家长们思考得最多的问题是，我的孩子适合什么样的绘本呢？每一个孩子都不同，都有自己喜欢的绘本类型，那么怎么样选择适合自己孩子的绘本呢？

这个问题一直困扰着我们，特别是面对众多令人眼花缭乱的绘本时，我们会看看这个，挑挑那个，觉得这些书都挺不错的，着实不知道自己的孩子到底适合看哪类书。

在这些年挑选绘本的过程中，除了用那些权威的儿童阅读书单或各大国际奖项获奖书单按图索骥外，针对以上家长们关心的选书问题，我琢磨出给孩子挑选合适绘本的三个技巧，提供给大家参考。

一、可针对孩子最近的行为寻找相关主题的绘本

每一个孩子的每一个阶段都会出现这样或者那样的小问题：可能固执，可能不爱听批评，可能爱发脾气，可能不好好吃饭，等等。总之犯错误、犯糊涂是孩子成长的一部分，我们没有办法要求孩子完美，所以在给予理解的同时，教育是不容缺失的一个主题。然而耳提面命式的说教，也许效果并不好，不能使孩子很好地认识自己的情绪、认识自己的错误，他们会难受或者抱着明知错了却不愿意承认的心态拒绝与我们交流。

这时，挑选对应绘本就是很好的引导工具，它能恰当地将我们想要给孩子的教育主题在潜移默化中就传达到孩子的意识中。

比如说，孩子不爱去幼儿园，这时候我们可以选择《大卫，上学去》《幼儿园一点都不可怕》《上学一二三》等绘本，通过每晚一本的阅读速度，间接地给孩子一个观念：上学很有趣，小朋友都应该上学……我们与其浪费口舌给孩子讲很多道理，不如找几本相关主题的绘本，让孩子自然而然地在阅读的过程中获得启发、改正错误。

二、根据孩子的日常爱好挑选相应主题的绘本

每个孩子都会有自己特别喜欢或者特别不喜欢的东西，只要绘本上讲的是孩子喜欢的内容，他就愿意花时间去看，花时间自己去琢磨，或者他就会缠着家长给他讲讲这些故事。

这些让孩子喜欢的内容能很好地激发他们的阅读兴趣，也会帮助他们慢慢学会自主阅读。

孩子们会尝试着看懂一些简单的词来给自己讲故事。看着孩子静静地坐

在那里用心地琢磨，家长们会觉得很欣慰。

给孩子挑选他感兴趣的绘本是十分重要的。当他们看自己感兴趣的东西时，往往就会忽略难、看不懂这些问题，为自主阅读打下基础。

三、针对生活中即将到来的节日挑选相应文化主题的绘本

很多时候我们会发现，和孩子空泛地讲早上、晚上或者春、夏、秋、冬这些概念，特别是圣诞节或者中国年等节日相关的文化习俗时，孩子一点概念也没有，他们不仅不会理解我们所讲的内容，而且会产生更多的疑惑。也许我们就会开始怀疑，这么早教孩子一些文化知识是不是太早了？孩子是不是不能理解呢？甚至会因为孩子没听懂而失望，有时还会因没能控制好情绪，采用了一些不良的教育方式。

这时候，其实可以对应一年中的几个季节主题，给孩子选择相关的绘本。比如说春天快到的时候，我们可以选择《遇见春天》《花婆婆》《这片草地真美丽》等关于春天的绘本——当我们沐浴在春风里，正好可以用我们眼睛所看到的景象让孩子更好地理解春天，这就是应时的绘本选择。

应节的绘本就更容易了。比如中国年快到了，我们就可以找一些和中国年相关的绘本，《我的第一个中国年》《年》《团圆》等，让孩子一边读绘本，一边体验节日的风俗，这样孩子对节日的理解就会加深。

以上这三个选书技巧，其实每一个都可以成为一个大的系列：情商管理系列、兴趣爱好系列、假日文化系列，然后穿插到一年的阅读计划中，能成为一个规模体系。

这是重视孩子阅读习惯培养的父母可以亲身实践的一个有的放矢的选书思路，而且和孩子日常生活紧密相关，必然能取得事半功倍的效果。

绘本阅读"童子功"

我突然想起一个小故事：

孩子和爷爷在河边玩耍，孩子问爷爷："读书到底有什么用？时间长了不也是会忘掉吗？"

爷爷让他把家里放煤炭的空竹篮拿过来去河里打水。孩子很疑惑，打了一篮又一篮的水，水却都流走了。

孩子问："竹篮打水，不是一场空吗？"

爷爷说："读书正如你今天拿竹篮打水一样，你总觉得什么都没有获得。可是你看看，原来脏兮兮的篮子现在怎么样了？"

阅读过后我们的生活也许并不能马上就发生改变，但是书中那些美好的东西却在一遍遍冲刷我们的思想和灵魂。

对孩子来说，读书最重要的功能是扩展他们的视野，进而让他们在未来面临选择时不会茫然失措。

如果你认为给孩子讲故事就是读读书，那么你就错了；如果你认为孩子读完书以后阅读就结束了，那么你又错了；如果你觉得阅读只是育儿中不得不做的一个基础工作，那么你还是错了。

对快速成长的孩子来说，科学的阅读方法可以帮助他们深入开发大脑潜能。比如，我相信很多人都知道"过目不忘"这个词。拥有好记性在未来的生活、学习中都会给孩子带来轻松的感觉，别人看10遍才能记住的一个公式，记忆力好的孩子或许只需要1遍就够了。以前我不太相信《射雕英雄传》中黄蓉母亲的惊人的记忆力，但是渐渐地我才发现这种过目不忘的记忆力是存在的，这就是人脑的无限潜力。

我的一个朋友，在她儿子年仅4岁的时候，就告诉我说她的儿子是天才。我心想这个妈妈真的爱孩子爱疯了吧。然而，当我和她在图书馆亲眼看着她的儿子仅看了一眼书本的名字，就一个字母不漏地默写下来的时候，我被震撼了。他仅4岁，还没有去学校，在大多数孩子连26个字母都不一定写对的年龄，他却可以仅凭记忆写下书本的名字，更神奇的是他能根据单词的拼写读出那个书名。即便你刻意教了孩子英文，也不可能让他随便拿本书看一眼就可以默写出书名，这说明他有超常的记忆力。

我们不得不承认人类的大脑有无限潜能，而每个人都有可能开发出自己特殊的才能。也许你的孩子并没有这个孩子那样超强的记忆天赋，但是没有关系，记忆力是可以培养的，是可以通过我们的努力帮助孩子增强这部分功能的，而且我们不需要领孩子去上专业的右脑开发课，只需要在早教阅读过程中，用些小方法为孩子的记忆力训练打下基础。

一、逐字逐句复述

年纪还小的孩子，或者初次开始增加记忆力训练的大孩子，可以读那种图片比较多、文字比较少的简单绘本。由于这些绘本内容比较少，因此适合让他逐字逐句地理解文字，并把这些简单的内容复述出来。也就是每讲完一个句子就可以让孩子看着你重复一遍，这是帮助他训练记忆力的第一步。

注意：这种训练的时间不要太长，不要让孩子失去阅读的兴趣。注意观察孩子是否喜欢这种记忆形式，一旦发现孩子有点厌烦就中止，等待下一次机会。

二、看图讲故事

阅读绘本最大的好处就是有图片帮助孩子记忆。大部分绘本的图片都是根据文章的故事所绘，所以当孩子不认识字的时候，他会仔细地观察图片，以边看图片边听我们讲故事为乐。这时候，我们可以通过适时观察，针对孩子感兴趣的点提出一些问题。这样结合文中故事，孩子会慢慢学会利用图片的一些细节来记忆故事。这个方法既可以给孩子带来乐趣，又可以帮助孩子多一种记忆的方法，同时还可以帮助孩子提升观察能力。

注意：不要在孩子观察图片的时候打断他们，当孩子在看书的时候，实际上他的大脑正在探索和记忆图片的内容。

三、学着概括故事内容

当妈妈陪孩子读完一本故事书的时候，切记要第一时间请孩子回忆这个故事，比如给妈妈简单概括一下这个故事讲了些什么，包括人、地点、事情经过以及结尾等要素。当然，我们不需要孩子记住每一个细节，但是如果这个孩子可以概括整个故事，那么恭喜你，这证明他的记忆力已经有很好的基础了。

当然绝大多数孩子年龄还小，不可能记下故事的每一个细节。所以我们只要求孩子记住一个概况，一来可以检查孩子是否在认真听你讲故事，二来这种即时回想是帮助增强记忆的最大功臣，三来可以帮助孩子分析故事的要点，及写什么故事能离开这几个要点。不停地这么训练，不但可以增强孩子的记忆力，也可以帮助孩子为以后写作打下基础。

注意：记忆力训练本来就是一个循序渐进的过程，很多孩子不会在第一时间就记住要点是什么，所以在读故事的时候，家长可以有重点地提到这几个要点，并且告诉孩子稍后会问这几个问题，让他有意识地去记忆。家长一定不要着急，更不要因为孩子没有记住而生气，甚至骂孩子。

人的大脑很神奇，无论身体状况如何，只要它在运转，就可以创造无限的可能。记忆力不是一种天赋，它是人脑的一种机能，可以通过后天的训练而培养出来。以上这三个刻意练习，可以在日常阅读互动中像做游戏一样完成，从而为孩子的记忆力训练打好基础，并提高孩子的思维能力，以便未来更轻松地应对学习和生活。

你我的孤独

——读《我有友情要出租》

《我有友情要出租》是台湾作家方素珍的一部童话作品，很精美的一本图画书，讲了一个很温馨、很恬静的故事。静静地把故事看完，你会露出会心的微笑。

大猩猩和咪咪度过了一段很美好的时光，因为他们彼此信任，彼此需要。大猩猩憨态可掬，让人觉得可以信赖，甚至想跟他握握手，聊聊天。看到书中画的大猩猩，不由得让人想起电影《金刚》中那只强壮有力的猩猩，那只身处荒岛、寂寞无奈的金刚。大猩猩无疑是强者的象征，代表着成人世界。小姑娘咪咪天真善良，代表了纯真可爱的儿童世界。在遇到咪咪以前，大猩猩是孤独的；在咪咪走后，大猩猩又复归孤独，他的友情免费出租，却已无人问津。

大猩猩出租友情，起源于他内心的孤独。大猩猩感觉孤独，就想别人可能也孤独，所以他想到了出租友情。在大猩猩与咪咪之间发生了一些只有在儿童之间才可能发生的事情。他们因相互信赖而相互依恋，大猩猩对咪咪的依恋胜过咪咪对大猩猩的依恋，因为咪咪总是随时能得到快乐，因为她是儿童，而大猩猩不行，他需要放下成人世界的伪装，需要把自己柔软的心融入一个没有可能受到伤害的环境，然后才能真正地释放与轻松。大猩猩在和咪咪的相处中，受到的伤害仅仅是咪咪在赢了他的时候去踩他的脚，而获得的快乐是放弃了一切烦恼的快乐，在咪咪的纯真面前，大猩猩找到了真我。

　　每个人的内心深处都是孤独的，所以这个世界需要友情的滋润。随着年龄的增长，人们好像越来越不容易发现自己的快乐，好像简单的快乐已经不属于成人。好像没有哪一个成人会因为有了一把玩具手枪而高兴得睡不着，没有哪一个成人会为动画人物的命运而痛哭不已。为什么人长大了就不再天真？是因为成人的世界充满不信任吗？活在童话世界里的大人真的无法在现实中生存吗？我们是长大了的孩子，但是我们已不是孩子；孩子是即将长大的成人，但是孩子还不是成人，因此就有了两个世界的融合和错过。长大的孩子其实还是孩子，只要他允许自己像孩子。其实，成人完全可以像孩子一样充满想象，充满对现实的好感，获得简单的快乐！

　　"长大后我便成了你……"为什么所有长大了的孩子都像他们没长大时的大人？人长大了，欲望也就越来越多，简单的事物已经不能满足内心的需求，因此就有了不快乐。不是年龄让人变得难以快乐，不是年龄让我们变得孤单，而是欲望这条大河淹没了你我，我们在欲望的河流里浮沉，也就少了许多孩子般的快乐！

　　"我有友情要出租"其实就是我需要友情来排解孤独。友情多是在彼此信任、彼此需要的时候开始，而在相互猜疑、相互冷淡的时候结束。拿出自己的坦诚去对待它，就会拥有真正的友情。让自己简单起来，友情将不用寻觅。仔细看这本书，你会发现很多细节，比如，每一页上都有不同的动物在关注大猩猩和咪咪。为什么大猩猩不选择和那些动物做朋友？或许是因为成人世界的法则吧——远交近疏！这也就不难理解为什么在网上可以交那么多朋友，而身边可能除了影子就是自己。让自己真诚起来就会发现，其实这个世界也很简单，其实人与人之间也很温暖。

人可以独享安静，不应该吞下孤独！你我都是这样。

▲【阅读小贴士】

　　每个人的内心深处都是孤独的，所以这个世界需要友情的滋润！

　　我们是长大了的孩子，但是我们已不是孩子；孩子是即将长大的成人，但是孩子还不是成人，因此就有了两个世界的融合和错过。长大的孩子其实还是孩子，只要他允许自己像孩子。

　　友情多是在彼此信任、彼此需要的时候开始，而在相互猜疑、相互冷淡的时候结束。拿出自己的坦诚去对待它，就会拥有真正的友情。让自己简单起来，友情将不用寻觅。

心中的月亮

——读《月亮，生日快乐》

《月亮，生日快乐》是一本让人看了感觉很温馨的图画书，作者是法兰克·艾许，讲的是一只小熊的故事。小熊想送给月亮一个生日礼物，为了能听到月亮的回答，小熊渡过小河，走过树林，爬到高山上，终于听到了月亮的回答。小熊给月亮买了一顶帽子，挂在树梢上，看着月亮戴上帽子。第二天，它戴上了月亮送它的帽子，可最后，帽子却被风吹走了。于是，小熊又一次爬上高山，和月亮说话，最后互道了一声"生日快乐"！

多么可爱的小熊啊！读了这个故事不禁令人会心一笑。小熊把月亮当成和它一样的小动物，它认为月亮同样喜欢生日礼物，它认为月亮也可以送它生日礼物，它认为月亮是在和它说话，它认为月亮也会因为丢了帽子而感到伤心……这些想法、做法只有孩子才可能有。想想我小时候，真的相信月亮上住着美丽的嫦娥，真的相信用红绳子系住流星就会有好运气，真的相信每年七月初七牛郎织女会在鹊桥相会。我也曾骑着木棍在院子里奔跑，仿佛自己是跨上战马、驰骋沙场的大将军；我也曾把淋雨的小鸡暖在怀里，轻声和它低语。小时候脑子里有太多的秘密，小时候眼睛里有太多的神奇，所以心中也有太多美好的愿望。长大了，世界变得真实了，一切仿佛都浮现在眼前，原来认为大得走不到头的村庄，现在走完是小事一桩，原来认为神秘莫测的树林，现在一眼就能看到尽头。过去和现在仿佛是两个不同的世界。

羡慕那个可以和月亮说话的小熊。不是每个人都有这样的幸福，不是每个人眼中的世界都是一个鲜活的存在。我们这些长大了的人，总是活在狭小的个人世界里，太过于注重自己的内心反而失去了对外面世界的鲜活感应，外物对我们而言成了可有可无的存在。为什么孩子的心中有那么多美妙的事情？因为在他们的心中有一轮圆圆的月亮，皎洁的月光照亮了他们的内心，也照亮了他们的眼睛，让他们用透明的心去看这个世界。

每个人都是从童年走过来的，每个人的内心深处都曾洒满月光。儿时心中的月亮让孩子纯真无邪，内心充满爱。长大了的我们的心中也应该留有一线月光，并让这月光成为我们的信念。即使我们知道这个真实的世界并不像我们想象的那样完美，很多美丽的神话只活在婴儿的摇篮边，但我们不能因此而放弃信念。人生不如意十之八九，让我们相信爱，爱可以融化冰雪，爱可以温暖内心；让我们相信行动，只要行动就会有所改变。

"今人不见古时月，今月曾经照古人。"世界还是那个世界，并没有因为人长大了而改变，改变的是人的心。岁月在我们的心中填塞了太多的东西，不管是我们想要的还是不想要的，每一个记忆，不管是美好还是痛苦，都会在心中刻下一道印痕。内心越来越满，我们心中的月亮就没有了地方。及时清空我们的"内存"，不要让那些"垃圾文件"占领我们的心。如此，我们的心便能够装下一轮月亮，让一抹清辉照亮我们的心，同时也照亮一生的前程。

【阅读小贴士】

人生不如意十之八九，让我们相信爱，爱可以融化冰雪，爱可以温暖内心；让我们相信行动，只要行动就会有所改变。

"今人不见古时月，今月曾经照古人。"世界还是那个世界，并没有因为人长大了而改变，改变的是人的心。

爱的魔法石

——读《驴小弟变小石头》

《驴小弟变小石头》是一本图画书，作者是威廉·史塔克。这本书讲述了一个和爱有关的神奇故事。书中的图画表现力极强，每一种动物的神态都表现得很生动，仿佛就是我们身边的某个人。图画并没有因为是在讲述一个拟人化的故事而故意把动物画得很像人，驴小弟一家的"手"虽然能做各种动作，但仍然是"蹄"的样子。书中除了主要人物的样子用"衣服""眼睛"拟人化以外，其他动物仍然是以动物的形象出现。作者用这样的手法来表现这个故事，可以给儿童真实的视觉感受。

作者用朴素的方式讲述了一个朴实的爱的故事。我把故事讲给儿子听，他一会儿紧张，一会儿激动，一会儿动情，很显然，他一定是把自己当成驴小弟了，而我的心也随着驴爸爸的心在跳动。最后，儿子问我："这个故事是你自己编的，还是从书上看到的？"我说："为什么要问这个问题？"儿子说："因为这个故事太好了！"

对孩子而言，这是一本非常有趣的书。驴小弟拥有了魔法石，可以要什么有什么，想怎样就怎样，这符合孩子的心理，他们总企盼自己被赋予神奇的力量。驴小弟一不小心变成了石头，虽然有点儿麻烦，但是变成与自己完全不一样的样子，是孩子寻求刺激的另一种需求。孩子心中的世界就是这样神奇，他们总是充满很多有趣的想法。

第一章 陪读从绘本开始

　　书中最让人揪心的是驴小弟变成了石头却没有办法变回去。驴爸爸和驴妈妈找不到孩子的焦急心情，相信每一个做父母的人都会感到心痛。就这样经过了一个秋天、一个冬天，驴小弟是多么孤独无助，驴爸爸、驴妈妈又是怎样互相支撑着走过了这段没有儿子的岁月。作者把读者带进了一个真实的情感世界，让每个人的心都为之跳动。书中最令人兴奋的情节就是驴爸爸和驴妈妈终于来到驴小弟变成的石头旁边。那近在咫尺的感觉，仿佛听到了彼此的心跳声。终于，驴小弟在爱的感召下变回了原来的样子，故事有了一个圆满的结果。因为驴爸爸知道儿子的爱好，他才注意到那颗特别的石子，并且把石子放在驴小弟变成的石头上面，这样驴小弟才有机会实现自己的愿望，变回原来的样子。这就是爱，简单而又伟大的爱。爱就是不需要语言的时时关注，就是不需要表白的彼此了解。父母对孩子的爱就是即使孩子变成石头也要用心去体贴的行动。

　　"回到家里，驴爸爸就把那颗神奇的小石子放进铁打的保险箱里。"驴小弟没有像开始想的那样为爸爸妈妈变出需要的东西，爸爸妈妈也没有用这块魔法石满足任何愿望。这是为什么呢？"也许有一天他们还会用到它，但是现在，说真的，他们还会希望什么呢？他们已经有了他们想要的一切了。"是啊，一家人能在一起还有什么不满足的呢？人总是在寻求身外的一切，为了满足各种各样的愿望而努力着，却忽略了身边最该重视的人，书中的魔法石让驴小弟一家认识到了最珍贵的是家人的团聚。这块魔法石是爱的试金石，它让人发现爱，珍惜爱。

　　每个人都拥有一块爱的魔法石，就看你怎样去使用它。用爱心去经营自己生活的世界，你也会被爱所包容，想拥有的一切也就尽在其中了。

▲【阅读小贴士】

　　这就是爱，简单而又伟大的爱。爱就是不需要语言的时时关注，就是不需要表白的彼此了解。父母对孩子的爱就是即使孩子变成石头也要用心去体贴的行动。

　　每个人都拥有一块爱的魔法石，就看你怎样去使用它。用爱心去经营自己生活的世界，你也会被爱所包容，想拥有的一切也就尽在其中了。

第一章 陪读从绘本开始

以透明的心享受生活

——读《蚯蚓的日记》

　　《蚯蚓的日记》是一本极为有趣的图画书，看这本书，我时常不由自主地笑出声来。这本书用日记的形式记录了"蚯蚓男孩"在学校、家庭以及和朋友之间的生活点滴，还有对自我、对未来的想法。读这本书能使人在幽默诙谐的语言中，感受到一种朦朦胧胧、似曾相识的美好。

　　这本书把图画的功能发挥到了极致，平时不起眼的蚯蚓在书中却是那样活灵活现，表情生动，让人不得不佩服画家非凡的想象力与创造力。

　　"蚯蚓男孩"一共写了18篇日记，每一篇都记叙了不同的生活场景。另外，书的前后还以"照片"的形式展示了"蚯蚓男孩"的不同生活侧面。看完这本书，觉得生活虽然琐碎，但是非常美好，心一下子开朗了。"蚯蚓男孩"的每一篇日记都很稚拙，就像在对你说话，那童言无忌的样子如在眼前，你可以把他想象成一个梳着发髻的古代儿童，你可以把他想象成戴着棒球帽、提着滑板的现代男孩，那种天真是完全穿越了时空的。虽然面对的是不同的生活场景，但是那双睁大了的审视世界的眼睛一直没有改变。

　　书中的每一句话都值得细细咀嚼、慢慢回味，每一幅图都值得用心感受、动情欣赏。而其中的美妙，只有捧起书一遍遍阅读时才能感觉到。

　　看完这本书，我不忍心过度挖掘其中的意义。我宁愿它记录的就是琐碎的生活，我宁愿想象成那个"蚯蚓男孩"还在记着其他日记，甚至我想，我应该把这些日记继续写下去，而不是对此评头论足。总是问"为什么"的生活虽然有意义，却过于辛劳与疲惫。生活原本如此，人应该坦然地面对自己每天的生活，就像小蚯蚓这样恬淡自如地生活着，轻描淡写地记述着，不把生活看得轰轰烈烈，不把自己看得过于复杂。让胸膛里跳动一颗虽平凡但强健的心脏，才是生活最真的意义。

因"黛玉"形象深入人心的陈晓旭香消玉殒，在带给世人太多遗憾的同时，更多的是唤起了人们对于生命的思考。什么样的生命最有价值？恐怕没有人能回答这个问题，因为人只能选择有限的生活方式，而在人生的道路上总是会顾此失彼的。人生怎么才能没有遗憾？要像"蚯蚓男孩"这样，做好眼前的自己，以微笑的态度对待过去的遗憾，以平和的心境迎接未知的明天，让生活总是充满温情、充满关爱，不为将来失去现在。如果所有的"现在"都失去了，也就没有了将来，人类个体如此，人类群体也如此。现代社会，竞争如影随形，正因为如此，才更需要放松心情。"风来疏竹，风过而竹不留声；雁渡寒潭，雁去而潭不留影。"我现在真正懂得了这句话的意思，就是要拥有一颗透明的心，事过心随空。

看看书中的"蚯蚓男孩"，让我们期盼所有的孩子都能以这样的方式生活，都能以这样的心态对待他们的未来。他们应该有梦，更应该有对待自己和他人的宽容的心，以敞亮的心境活在现在。

每一个故事都可以是一则寓言，每一种人生都可以对照一则寓言。阅读的力量就是用希望之光照亮生命。捧着这样一本书一遍遍翻看，在其中汲取生活的力量。

▲【阅读小贴士】

　　总是问"为什么"的生活虽然有意义，却过于辛劳与疲惫。生活原本如此，人应该坦然地面对自己每天的生活，做好眼前的自己，以微笑的态度对待过去的遗憾，以平和的心境迎接未知的明天，让生活总是充满温情、充满关爱，不为将来失去现在。

　　每一个故事都可以是一则寓言，每一种人生都可以对照一则寓言。阅读的力量就是用希望之光照亮生命。

让美好继续

——读《大猩猩》

《大猩猩》是安东尼·布朗的代表作之一,讲述的是生活在单亲家庭的女孩安娜的故事。安娜渴望得到爸爸的关爱,可是现实生活中的爸爸既冷漠又严肃。吃早餐的时候,爸爸在看报纸,父女俩没有交流。在生日的前一晚,安娜想要去动物园看大猩猩做生日礼物,得到的却是一只玩具猩猩。安娜感到自己好像被关在笼子里,和动物园里的猩猩一样。不过,当晚,让人惊异的事情发生了,玩具猩猩变成了真正的大猩猩,并带安娜去动物园玩……故事的最后,爸爸满足了安娜的愿望。

故事不是很复杂,但是反映了一个复杂的生活问题。单亲家庭长大的安娜希望得到爸爸的关心与爱护,可是爸爸每天忙于工作,甚至还把工作带回家,根本没有时间、没有精力、没有心情和安娜交流,他所能给安娜的只是衣食住行的基本生活保障。安娜的要求在爸爸面前都变得微不足道,因为他要面对很多难题:养家糊口的琐事,社会地位的挣扎,情感的孤独与寂寞……这些是安娜没有办法理解的,就像安娜的要求爸爸没有办法理解一样。

早餐的时候,爸爸用一张报纸把自己和安娜隔开了;晚饭后,爸爸用工作把安娜拒之门外;安娜生日的时候,爸爸用一个玩具猩猩抵消了安娜想去动物园看真的大猩猩的愿望……这一切都让安娜伤心,因此,她不能依赖爸

第一章 陪读从绘本开始

爸,只能依赖自己。于是,在朦朦胧胧中,玩具猩猩变成了真的大猩猩,这只大猩猩带她去动物园,带她去看电影,陪她逛街,带她去吃她想吃的美食,带她跳舞,把她送回家……安娜的美好愿望都在梦境中实现了。故事的最后,爸爸醒悟了,他带着安娜走出了家门。父女二人可以彼此温暖,彼此关怀了。这是一个温暖的结局。当爸爸再次忙碌的时候,安娜新的要求还会被满足吗?这是一个值得思考的问题。

安东尼·布朗是用图画讲故事的高手,他用图画传递着用语言无法传递的信息。屋里无处不在的大猩猩图片,向我们传递着安娜对去看大猩猩的渴望。安娜喜欢大猩猩,满脑子都是大猩猩,这就是一个孩子的梦想,这就是孩子的专注。故事一开始,家的氛围还是温馨的、柔和的,但随着安娜的愿望总是不能实现,家里的地板、墙面的颜色都变得灰暗起来,说明爸爸变得越来越难以接近了。不过安娜心中的梦想之火仍在燃烧,猩猩的图案总是伴随着安娜,家里的地板、墙壁的纹理都像大猩猩的皮毛,就连"蒙娜丽莎"都变成了一只大猩猩。作家在用这样的图画说话,让读者的心情随着画者营造的氛围而改变。

在梦中,大猩猩要带安娜去动物园的时候,穿上了爸爸的大衣,戴上了爸爸的帽子,而这一身暖色系的打扮,让安娜觉得是幸福的、安全的。与此同时我们可以看到,在画面的另一边,挂着爸爸的另一身衣帽,那一身是黑色的,板板正正地悬挂在那里,预示着现实中的爸爸与梦中的大猩猩的不同。注意到了吗?门有两个把手,一边一个,仿佛在告诉细心的读者,这一切都是不真实的。

书中还有很多细微之处在讲述故事的真相,把一个小女孩心中的渴望表现得淋漓尽致,让所有的大人看了,都会不由自主地放下手中的工作,想想去如何满足孩子合理的愿望。安娜是个安静的女孩,她没有向爸爸提出无理的要求，她只是希望爸爸陪伴她，和她一起在动物园度过她的生日。

这本书也告诉我们，在单亲家庭里，爸爸或者妈妈承担着双重角色，承受着更大的压力，孩子也有着更多的需求，因为他们的情感总是饥渴的。安娜的不放弃，爸爸的及时醒悟，让我们看到了一个美好的结局。现实中是不是这样美好呢？无论如何，生活总要继续，只要心中有梦想、有渴望，只要共同努力，那梦想、渴望总会实现的。

▲【阅读小贴士】

当爸爸再次忙碌的时候，安娜新的要求还会被满足吗？这是一个值得思考的问题。

无论如何，生活总要继续，只要心中有梦想、有渴望，只要共同努力，那梦想、渴望总会实现的。

美丽的种子

——读《兔子坡》

《兔子坡》是美国作家罗伯特·罗素的一部作品。封面上是一只正在跳跃的兔子，身后是一幢美丽的房子和广阔的森林。这只小兔子就是乔奇。

这本书讲的是和小兔子乔奇有关的故事。兔子乔奇一家住在兔子坡，在这里居住的还有很多动物。在这里举足轻重、能决定其他动物幸福与否的不是强大的狮子、老虎，而是人，是居住在这幢房子里的人，他们的行为会决定那些小动物的命运。乔奇一家就像是在这个背景衬托下的主角，但是他们的幸福也和周围的动物、人有着密切的关系。作者把小兔子乔奇突出出来。乔奇是一只年轻的兔子，灵活，善于奔跑，并且喜欢冒险。乔奇在去请阿那达斯叔公的途中与老猎犬周旋，最后奋力一跳，跳过了小河，完成了他人生中最优美的跳跃，让我们看到了一只超乎寻常的兔子。乔奇更与众不同的地方是，他尝试着和新搬来的一家人近距离接触，当他在那户人家养伤的时候，整个兔子坡都处在猜测与不安之中。这样新奇的故事，让人不由得继续读下去。

故事很有意思。整个故事都从小动物的角度来写，把我们带到一个从没有体验过的世界里。一座小山，一幢房子，是可以经常见到的，丝毫不足为奇，但在这个故事中，小山和房子却是一个广阔的世界，当然这个广阔的世界是对那些小动物而言的。兔子洞、垃圾桶、菜地是我们根本不会关注的地方，但是作者却把我们带到这些神奇的地方，让我们感受到兔子洞中的恐惧、紧张、兴奋，让我们体会到捡拾垃圾的动物的苦闷与幸福，让我们看到菜地对维系动物生存的意义。一切都是新鲜的，有些是人们原来视而不见的，有些是根本没有想到过的，作者把这些一下子都推到了我们眼前，让我们看，让我们体验，让我们去思考。这就是故事的神奇魅力，作者像是给毫无生机的黑白画涂抹上了艳丽的色彩，引人瞩目却不耀眼，让人既能看到它，又看得舒服。

故事中透露着人生的幽默，很多情节让人看了发笑。那个总是爱担心的兔子老妈，因为失去了孙子辈的几个小家伙而很容易恐惧，并且唠叨个不停。那个总爱怀念过去的兔子老爹，最爱说的话就是——"在我长大的莓草乡啊……"每当这时候，听的人不是扭过头去，就是岔开话题，看来大家都已经熟悉了兔子老爹的"莓草乡"了。那个凭着自己的经验进行猜测的阿那达斯叔公，把草地说成"监狱"，把木箱子说成"绞刑台"……这些兔子分明就是我们中的一员呢，想象着他们的表情，听着他们的话语，不禁让人发笑。另外，故事中对蔬菜的描写也很吸引人，简直能勾起我们的食欲，让我们感觉到平常不愿意吃的蔬菜忽然变得那么新鲜，那么诱人。读了这个故事或许会让孩子对自己不感兴趣的蔬菜产生兴趣，可以纠正偏食呢。

"新的一家人要搬来了"是整个故事的起点，也是故事的重点。所有的故事都围绕着新的一家人来展开。作者巧妙地把故事穿插在新的一家人上，兔子坡的过去、现在、未来都和住在这里的人家密切相关。当新的一家人到来后，发生的故事都是温馨的、美好的。

这个故事的隐喻是很明显的，其中的关键词应该是"和谐"。在故事最后，作者为我们展示了一幅和谐的画面，也为我们展示了一幅不和谐的画面——一边是丝毫没有被破坏的菜园，一边是挖了陷阱、撒了毒饵、一片狼藕的菜园。通过这样的对比，让我们在体会美好的同时，又有所遗憾，总觉得故事应该可以更美好。但是，现实并不都是美好的，所以就带着这淡淡的遗憾，带着一种不满足，结束故事吧。

故事留给我们更多的还是美好的画面，看了这些画面相信每个人都会被感动。我们心灵深处储藏的美好种子也被这股温馨的风吹得发了芽，产生了一种要为别人做点什么的冲动。

▲【阅读小贴士】

一切都是新鲜的，有些是人们原来视而不见的，有些是根本没有想到过的，作者把这些一下子都推到了我们眼前，让我们看，让我们体验，让我们去思考。这就是故事的神奇魅力。

找寻梦开始的地方

——读《点》

《点》是一本画面很清爽的图画书，没有太多的色彩，没有大幅的插图。这本书我反复读了很多遍，也反复讲给别人听，每次读，每次讲，我都会被书中的某些东西打动。读着它，我就读到了人生，读到了一个人对另一个人的影响，读到了一个人内心的力量，读到了鼓励可以培养自信、改变人生，读到了成人对儿童发展的巨大影响，读到了儿童发展的无限可能……

瓦斯蒂是个对画画不感兴趣的孩子，老师让她画，她就随意在纸上戳了一个点，当老师把她戳的点装饰好挂在墙上的时候，瓦斯蒂的内心被触动了，她觉得自己可以画出更好的点。于是，瓦斯蒂画出了无数的点，有些还很有创意。几个星期后，在学校的美术展览会上，瓦斯蒂画的点赢得了许多称赞声，她很快从一个不喜欢绘画、不会绘画的孩子，变成了具有艺术天分的孩子。

是什么激发了瓦斯蒂巨大的创造潜能？是老师，还是瓦斯蒂自己？老师的善意引领，让瓦斯蒂找到了自信；瓦斯蒂的持久努力，让自己的创造力得以展现。二者的完美结合，让我们看到了一个令人欣慰的结局，同时也触动了我们内心深处某个不为所知的部位。

作为一个成年人，不管是教师还是家长，都应该随时随地保持对儿童的支持与信任，相信他们有顽强的生命力，相信他们有无穷的创造力。每一个人都拥有待开发的宝藏，如果我们教师能像这本书中的教师一样，正确地去引导孩子，让他们能找到自己，找到自信，释放潜能，孩子就能创造惊喜。如果我们能够对孩子多加鼓舞，用包容的心、用微笑的表情告诉孩子："你能行，即使你现在还不行，将来你也一定能行！"就可以激发孩子的潜能，让他们在生活中踏出自己的节奏，创造出精彩。

这个世界上存在很多机遇与偶然，也存在很多不公和偏袒，我们的才能可能被埋没，我们的个人世界可能变得黯然。但是，看看书中的瓦斯蒂，只要我们还有创造的欲望，只要我们还能找到方向，就能创造美好的生活。心若在，梦就在，一切都还可以重来。

每个孩子在成长的路上都可能要遭遇很多次大人的误解，但我们可以通过努力用行动证明自己。每个人都是在别人的目光中寻找前进的方向，每个人都是在他人的欣赏中获得成长。梦想需要自己付出努力才能实现，只要我们心中有梦想，就像瓦斯蒂一样，从那个点出发，经过不懈努力，最终总会找到自己想要的。

人都需要有一个点来触动，恰当的时机遇到恰当的人，或许就是成功的开始。但是，我们不能坐着等。人的一生不长也不短，最怕的是不能给自己的生活找一个点，我们要努力找到这个点，然后从这个点开始创造自己的美好生活。

故事的结尾耐人寻味，一个比瓦斯蒂更小的孩子遇到了和瓦斯蒂同样的问题，这次，瓦斯蒂让那个孩子画一条直线。从一个点到一条线，或许之后还可以到一个面，这于教育而言也有深刻的启发意义。教育可以延续，就像文化的延续一样。让现在的孩子多读些儿童文学作品，让文化的基因早早铭刻在他们脑海中，由点到线再到面，提高每个生命的质量，那么孩子才会有更多的机会成就自己，我们的国家才会有更加美好的明天！

▲【阅读小贴士】

作为一个成年人，不管是教师还是家长，都应该随时随地保持对儿童的支持与信任，相信他们有顽强的生命力，相信他们有无穷的创造力。

每个人都是在别人的目光中寻找前进的方向，每个人都是在他人的欣赏中获得成长。梦想需要自己付出努力才能实现，只要我们心中有梦想，就像瓦斯蒂一样，从那个点出发，经过不懈努力，最终总会找到自己想要的。

穿越时空

——读《三毛流浪记》

《三毛流浪记》是我国漫画大师张乐平的作品,至今已经印刷多次。《三毛流浪记》中的三毛形象一直都深入人心。

这本书以漫画的形式向人们展示了三毛的一个个生活片段。过去的人看三毛,看的是周围人的生活。现在的人看三毛,看的是历史,是过去的生活。一个个黑白画面,一个个小故事,让读者看到了一个孩子的生活,也看到了过去那个年代一群孩子的生活。

全书一共有261个小故事,故事多用四字词语来表示。

"孤苦伶仃"是第一个故事,三毛从这里开始进入读者的视线。这个故事由6幅图组成,第一幅是山羊舔着小羊羔;第二幅是母鸡带着小鸡,还有猪妈妈和它的孩子;第三幅是狗妈妈和它的孩子们;第四幅,三毛情不自禁地抱起一只小狗,惹怒了狗妈妈;第五幅,三毛被愤怒的狗妈妈追赶,努力爬上一棵树;第六幅,爬上树的三毛看到鸟窝里鸟妈妈保护着小鸟,三毛流泪了。这个故事没有一个字,但是我们都能看懂,三毛的表情,三毛的举动,让我们感受到了那颗想要得到家庭温暖的心。这个画面留给我的印象是文字无法代替的,着实会想起落泪的三毛。

"理想与现实"是最后一个故事,也由6幅图组成,不同的是这些图中多了一些"标语",多了一些"声音"。这些标语写的是"儿童是未来主人翁"，这些声音是"我们要爱护儿童，培植儿童，尊重儿童……"作为未来主人翁的三毛却被拒绝在"庆祝儿童节游艺大会"的大门外，三毛不明白，他也是儿童，为什么不能得到同样的待遇？最后，三毛在播放"尊重儿童"的广播前，双手捂住耳朵。三毛还相信这些"理想"的语句吗？在"理想与现实"面前，三毛经历了太多的事情，他还会相信世间的一切吗？

三毛之所以给人们留下深刻的印象，是因为他的善良、他的机智、他的勇敢，同时也因为三毛的真实。他流泪，他高兴，他恐惧，他无奈，这些我们通过一个个小故事都能感受到。从一个个小故事中，我们看到了一个真实的三毛，不拔高，也不贬低。不只是三毛，故事中刻画的每个人都那么逼真，里面有"好人"，有"坏人"，也有看起来"不好不坏"的人。虽然时过境迁，但仔细想想，现在这些人好像仍然活在我们周围。这就是《三毛流浪记》穿越时空展现的魅力，让我们看到的是人性，是真实的生活。

《三毛流浪记》的画面很简单，只有线条，只有黑白的对比，和当下的漫画不是一种味道。我相信，即使看惯了现在漫画作品的孩子依然会非常喜欢这本书，因为这本书在淡淡的"苦涩"中，有着非同寻常的"幽默"，这种幽默是可以让读者心领神会的。在故事"睡不安宁"中，三毛做梦收到了一件礼物，打开一看，是一件皮大衣，皮大衣忽然变成了老虎，把三毛吓醒了，原来是一只小猫趴在了他的身上；在故事"泄露机关"中，三毛因为学艺不精，吞宝剑的时候没表演好，引得周围的观众大笑不止，让师父觉得无法收场；在故事"太卖劲了"中，师父的刀舞得虎虎生风，三毛配合师父，以至于把鼓都敲破了，让师父目瞪口呆……这样的例子太多了，看似简单的画面却传递了丰富的信息，有对生活的理解，有对人生的看法，也有对现实的关注……

让人无法拒绝的，用幽默不能掩盖的，是三毛的痛苦生活。一个失去了平等的社会，一个失去了正义的社会，一个贫穷的社会，一个太过自私的社会，一个没有同情心的社会，都会让一部分"未来的主人翁"变扭曲，让他们丧失生存的权利、受教育的权利，甚至是作为人的起码的一些权利。看看处于战火中的那些国家，看看那些贫穷的国家，那里有多少儿童也像三毛一样呢？我们就生活在同一时空中，虽然我们无法改变他们的命运，但为了这些未来的主人翁，我们可以改变我们自己，在内心种下和平、友爱的种子，将来用我们的力量，让这个社会变得和平、稳定，让天下所有的儿童都能过上平静的、属于他们自己的生活。

▲【阅读小贴士】

我们可以改变我们自己，在内心种下和平、友爱的种子，将来用我们的力量，让这个社会变得和平、稳定，让天下所有的儿童都能过上平静的、属于他们自己的生活。

放飞梦想的蝴蝶

——读《蝴蝶·豌豆花——中国经典童诗》

《蝴蝶·豌豆花——中国经典童诗》，诗歌主编是中国著名儿童文学作家金波，绘者是著名绘本画家蔡皋。这本书很精美，是一本儿童诗集，也是一本图画书。儿童在读诗的同时，还能够欣赏到优美的图画。

这本书选取了20位作者的20首儿童诗。20位作者都是"五四时期"以后中国著名的作家，有郭沫若、冰心等。

先来欣赏一下《蝴蝶·豌豆花》这首诗，这首诗的作者是郭风。诗是这样写的：

一只蝴蝶从竹篱外飞进来，豌豆花问蝴蝶："你是一朵飞起来的花吗？"

就这样几句话，却让人产生了无限的遐想。蝴蝶会怎样回答花呢？它会不会说："我不是飞起来的花，你也不是停下来的蝴蝶。"它会不会说："我是蝴蝶，你是花，蝴蝶就是蝴蝶，花就是花。"它会不会说："蝴蝶不是花，花也不是蝴蝶。"它会不会说："蝴蝶就是飞起来的花，花就是停下来的蝴蝶。"等等。当蝴蝶说这些话的时候，花又会怎样回答呢？我们可以放飞想象。当蝴蝶与花对话的时候，一切都生动起来了，不是吗？世间到处

第一章 陪读从绘本开始

都有生命的存在，所有一切在我们面前都活了起来。蝴蝶的翅膀，扇动了我们的想象。

再来看看《小童话》：

在云彩的南面，那遥远的地方，有一群树叶说："我们像花一样开放。"有一群花朵说："我们想像鸟一样飞翔。"有一群孔雀说："我们想像树一样成长。"

这就是"童话"，所有的生命都有自己的向往。我们可以接着说："有一群树说：'我们想像水一样流淌。'有一群水滴说：'我们想像树叶一样飘荡。'等等。"这首诗的好玩之处就在于读者可以把这首诗不断地继续下去，最后再回到诗的开头。这首诗，还带给我们一点思考：每个生命都向往自己没有经历过的生活，都梦想过上自己想要的生活。这种梦想是对还是不对呢？有了梦想就尝试着去实现，去经历，付出努力就可以，有没有结果，好像并没有那么重要。

《我喜欢你，狐狸》是作家高洪波写的。这首诗中的狐狸就是《狐狸和乌鸦》中的那只狐狸。老师教育我们千万不能像狐狸那样，可是作者却说："我喜欢你，狐狸。""我喜欢你，狐狸，你的狡猾是机智，你的欺骗是才气，不管大人怎么说，我，喜欢你。"你这样想过吗？原来狐狸也可以这样可爱，不是吗？什么都按照固定的思维去思考，就会让我们的生活失去味道。大人有大人的看法，孩子有孩子的主张。换个角度想想，或许生活就会变得不一样了。除了对狐狸，那对乌鸦呢？对其他已经"被固定"的人物呢？我们是不是可以从另一个视角来看看。发挥你的想象力，也许你也能够写出一篇篇的"我喜欢你"。

诗，是需要朗读的。当你默读以后，当你领会了诗中的意蕴以后，你就可以放声来读了，可以读给别人听，也可以读给自己听，把自己的理解带到诗中去，你会发现，诗的味道就在朗读之中。

除了欣赏这些诗，还有一些有趣的事情可以做，就是认真看看书中的图画，根据这些图画也可以想出不同的故事。如《亲亲我》这首诗配图画很大，六个孩子在海滩上玩耍，每个孩子都不一样，哪个是你？哪个是他？哪个把你逗得笑哈哈？这就是图画带来的乐趣。认真地看看图画，这些图也会带给你不同的惊喜。

中国是诗的国度，人们以作诗为乐趣。现在的我们也可以拿起笔，写下属于我们的诗歌，让想象力乘着诗歌的翅膀去飞翔，让生活因为诗歌而变得不寻常。

【阅读小贴士】

世间到处都有生命的存在，所有一切在我们面前都活了起来。蝴蝶的翅膀，扇动了我们的想象。

每个生命都向往自己没有经历过的生活，都梦想过上自己想要的生活，这种梦想是对还是不对呢？有了梦想就尝试着去实现，去经历，付出努力就可以，有没有结果，好像并没有那么重要。

什么都按照固定的思维去思考，就会让我们的生活失去味道。大人有大人的看法，孩子有孩子的主张。换个角度想想，或许生活就会变得不一样了。

生命的价值与意义

——读《玩具诊所》

诊所，是一个治愈伤病的地方。

人类诊所，救治的是生病的人；玩具诊所，救治的是被损坏的玩具。因此，诊所也是一个痛苦与欢喜交织的地方。

生病的人，能在诊所中获得救治，恢复到健康的状态；被损坏的玩具，能在诊所中获得维修，恢复原来的模样。

诊所，离不开大夫。《玩具诊所》中的大夫是河马医生。他先是为许多动物治病，当他老了，体力、精力不济的时候，他选择了退休。

退休，是很多疲于工作的人都盼望的事；退休的生活，是真正退休的人要努力适应的生活。上班的人，每天处在忙碌的状态，所以，就无限向往自由自在的退休生活，总会说："当我退休了……"而真正退休的人，忽然从繁忙的工作中走出来，很容易"失重"，不知道自己该干什么，生活会变得茫然、无聊。

河马医生就是这样，忽然从"门庭若市"的救治工作中摆脱出来，面对只有小孙女陪伴的冷清时，其心情不可谓不复杂。当孙女提出下棋、玩扑克牌、画画等建议时，河马医生都摇摇头表示不想参与，他终于知道了什么是小孙女口中常说的"无聊"。

直到有一天，河马医生开始给玩具"治病"，他的生活一下子又忙碌起来了。玩具修好了，他还要给大家讲故事，这时的河马医生再也不怕"上床睡觉和起床"了，他又找到了生活的乐趣。

每一个生命都可以是一段传奇，怎样让自己的生命成为传奇呢？方法就是让自己的生命具有价值和意义！价值是一个生命对社会、对他人的作用，也就是要对别人有所帮助；意义是一个生命能够感受到自己的作用，也就是找到自己的位置。价值是对他人的，意义是对自己的，二者是统一的。很多人在帮助别人的过程中体现了自己的价值，同时也获得了自己生命的意义。

生命的价值和意义都要面对另一个哲学问题——自由和责任。当一个人能够真正自由的时候，生命是否还具有价值和意义？负重的生命才会走得更远，"负重"就是肩负责任和使命。自由是生命的权利，责任是生命的义务。每个生命的意义都是通过有限制的责任来实现有价值的自由。在对他人有用的基础上享受自由，才能感受到生命的乐趣，否则就会变得无聊，甚至抑郁。

在这个网络信息发达的时代，很多人沉浸在虚拟的网络世界中，不愿意面对现实中的生活。虽然网络生活是没有负重的生活，看似非常自由，但是却降低了生命的质量。短暂的快意人生并不能填补人们心中的空洞，因为看不到生命成长的过程，也听不到生命拔节的声音。在现实生活中，即使只是做些打扫房间、种种花草、清洗餐具等这些小事，都是在对别人产生价值，对自己生发意义。

孩子年龄小，却是天生的"哲人"和"诗人"，他们对生命充满好奇和敬畏，对生命也已经有了很多思考。就像河马医生的孙女，她会把爷爷的摇摇头与自己的"无聊"对应起来。

在孩子生命的最初时段，需要一些健康的哲学为他们的一生打下底

第一章　陪读从绘本开始

色。《玩具诊所》就是在以故事的形式，传递着生命的哲学。相信读了这本书的孩子们，生命会更有质量，不至于"黑发不知勤学早，白首方悔读书迟"。

这本书的创作灵感来自真实的社区生活，在现实中，真的有这样一个"玩具诊所"，里面的医生是一群退休的爷爷奶奶，他们每天在"玩具诊所"中，乐此不疲地工作着。

这本书巧妙地把"老""小""病"联系在了一起。老人、孩子、病人是这个世界上的弱势群体，他们的生命如何被关注？他们又该以怎样的方式彰显自己生命的价值和意义？在这本书里，老有所乐、小有所寄、病有所医等，是这个社会进步的表现，也是作者悲悯情怀的体现。所有的生命都在他人的生命历程中实现了价值，所有的生命都在个人的追索里体现出了意义。

这本书中的图画也有一个神奇之处，图中的玩具很多都来自知名的童话故事，孩子们仔细去看图，一定会收获很多发现的快乐，一定能跟着河马医生讲出很多故事，而这些故事也都在以特殊的方式讲述着生命的价值和意义。

你的故事里有我，我的故事里有你。孩子们，我已经看到你们在读书的时候哈哈大笑的场景了。你们的笑容里包含了这本书的价值，你们也从这本书里获得了快乐。

▲【阅读小贴士】

负重的生命才会走得更远，"负重"就是肩负责任和使命。自由是生命的权利，责任是生命的义务。每个生命的意义都是通过有限制的责任来实现有价值的自由。

没有负重的生活，看似非常自由，但是却降低了生命的质量。短暂的快意人生并不能填补人们心中的空洞，因为看不到生命成长的过程，也听不到生命拔节的声音。

孩子年龄小，却是天生的。"哲人"和"诗人"，他们对生命充满好奇和敬畏，对生命也已经有了很多思考。

插上语言的翅膀

——读《笠翁对韵》

"天对地,雨对风,大陆对长空……"这些朗朗上口而又合辙押韵的文字就出自《笠翁对韵》。《笠翁对韵》是清代著名文学家李渔的作品,这本书是仿照《声律启蒙》写成的,李渔别号"笠翁",所以给这本书起名为《笠翁对韵》。

这本书是专为"对课"和作诗而准备的,长短不一,音韵和谐,对儿童感悟语言、学习语言有着特殊作用。这种语言功能不需要去分析,不需要读者熟悉书中的内容,只要达到张口就来的程度,就可以用来对对子了。书中韵律相对的例子很多,形式也不一样,虽然音韵和谐,但是句式长短不一。可以一字对一字,如"天对地,雨对风";可以两字对两字,如"草舍对柴扉";可以三字对三字,如"云梦泽,洞庭湖";可以五字对五字,如"苍头犀角带,绿鬓象牙梳"。通过多读,可以发现其中的语言规律,掌握了这些语言规律,即使是脱离这本书,也可以在现实生活中触景生情,自己对对子了。

这本书中包含了一些历史典故,如"黄盖能成赤壁捷",说的是《三国演义》中,黄盖用苦肉计让孙刘联军获得了赤壁之战的胜利。书中这样的典故有很多。"搏虎卞庄子,当熊冯婕好""亚父丹心撞玉斗""谪仙狂兴换银龟"等都有故事,读这些故事能让人对过去的事情多些了解,让文化在心灵深处扎根。

书中还包含了大量的文学创作故事，如"江州司马，琵琶一曲湿青衫"，说的是江州司马白居易写《琵琶行》的故事。

从这本书中我们能深刻体会到汉语之美，发现中华文化之美。每天读一点、记一点，对读者提升语言水平、了解传统文化很有帮助。

这本书适合朗读，读的时间长了，就能够把握基本的韵律。书中生字比较多，有些是生活中不常使用的，因此可以选择带有注音的读本。

汉语的文言形式是中国语言的重要阶段，这个阶段的语言言简意赅，反映了东方思维的重要特点，可以有效培植孩子对语言的感受力。把这种语言种进孩子的语言田地，孩子会收获很多，对孩子的思维方式和表达方式也会产生积极的影响。

▲【阅读小贴士】

从这本书中我们能深刻体会到汉语之美，发现中华文化之美。每天读一点、记一点，对读者提升语言水平、了解传统文化很有帮助。

第二章 小古文的阅读

孩子从小学习古诗文的好处

1.增强记忆力。心理学家指出，人的记忆力在儿童时期发展极快，到13岁达到高峰。此后，主要是理解力的增强。从小背诵有利于增强孩子的记忆力。

2.提高语言文字能力。这是人尽皆知的真理。

3.扩大知识面。古诗文上自先秦，下至晚清，方方面面均有涉猎。从文体角度来看，几乎包容了中国古代诗、词、歌、赋、散曲及各类散文等所有常见的文体。

4.提高审美能力。孩子的审美能力需要幼年时期开发，读古诗，学会欣赏古诗，就像听音乐，能听懂音乐，欣赏绘画，能体会到绘画的美一样，这是人类的极高境界。

5.培养耐性。一篇篇诗文的成功背诵，孩子在获得成就感的同时，还培养了持之以恒的精神。

6.提高孩子的人格修养。处世为人的哲学，修身、齐家、治国、平天下的道理都蕴含其中。背诵这些经典古诗文，对孩子们的眼界、胸怀、志气、品格、修养大有帮助。

小学阶段如何学习文言文？

小学语文包括三大块：基础知识、阅读理解和作文。到了初中，就变成了四大块，在小学基础上，增加了文言文，文言文在中高考中占有很大比例。

但是我们没必要给自己太大压力，在小学时，给孩子做一些文言方面的启蒙是非常必要的。否则，面对突如其来的文言文，孩子基础薄弱，是跟不上教学进度的。

在低年级阶段，可以背诵简短有意义的古诗文、读成语故事。成语故事往往涵盖一个时期的政治、经济、文化背景等，让孩子对历史有阶段性认知。

怎样读古诗词

背诵古诗词虽然用时长、见效慢，但是这种集腋成裘、静水流深的学习方式，是一种地基式的重要积累。天长日久，这种优势会一点一点显现出来，而且能够让人受用终生。所以当下要做的是怎样引导儿童背诵。刚开始背诵古诗词，兴趣很重要，但是在具体操作时，很多人忽视了诵读的作用。古诗词本身合辙押韵，读起来朗朗上口，再加上古典诗词具有诗中有画、画中有诗的特点，意境优美，引人入胜。孩子对语言学习有一种天生的亲近感，记忆力很强，所以，背诵古诗词对他们而言非但不是特别难的事情，而且是一种享受和愉悦。所以，背诵古诗词，首先就是读起来、背起来。时间一长，孩子背的古诗词多了，语感和感知都会有明显进步，甚至会上瘾。当然也会有这样的情况，孩子背诵一定时间后，会有不想背诵的时候，这时就需要根据孩子的特点，从兴趣入手来进行引导。首先加入孩子的学习，和他一起背诵。在一起背诵可以互相学习，互相鼓励，让孩子更有学习的动力和兴趣。同时，在背诵过程中还可以讲一讲名人背诵古诗的故事，以此激励孩子。此外还可以采用比赛的方法，这种方式带来的竞争能给孩子一种动力，促使他们更好地背诵。在比赛中，你追我赶，既是竞争，又是游戏，在不知不觉中，就会加快背诵的速度和熟练程度。还可以在这一阶段采用孩子喜闻乐见的方式，比如绘画、音乐等等。艺术是相通的，这样既能使孩子更好地理解古诗，还能渲染一种艺术气氛。当孩子背诵到一定程度，数量上有了一定积累，认知上有了一定感受之后，就要进行一定的理性引导。

首先可以介绍诗人，诗人的经历是诗人作诗的基础，诗人的思想是诗人在诗中抒发的情感。尤其是那些优秀的诗人，他们的命运和时代息息相关，他们用诗人敏锐的视角关注时代、人生以及自然，所以他们的诗歌才能发常人所不能见，思常人所不能思。可以说了解诗人可以直接帮助孩子了解诗意。

其次，可以讲讲与古诗文有关的故事，古诗文的写作背景、写作经历和诗人的背景状况本身就是一个故事，再加上一些有关的历史文化和掌故经典，会有助于增强孩子对古诗词的理解与兴趣。

最后，可以引导孩子在学习中运用。只要背诵古诗文达到一定数量，在日常生活和写作中，孩子往往就能出口成章。老师和家长要做的，只是给孩子创造这样一个环境和平台。比如创设环境，让孩子身临其境感受到诗歌的意境，从而言为心声、一吐为快；或者用出题的方式，让孩子能够左右逢源、灵活运用，而不是仅仅会背而已。

闻名中外、令人倾慕的叶嘉莹先生，用全部心血学习、宣讲、传播古诗文，讲起学习古诗文的终极意义，先生一语中的，学习古诗文可以让人心灵不死。我们让孩子学习古诗文的目的也许就在于此。

培养小学生诵读古诗词的兴趣

培养小学生诵读古诗词的兴趣，让学生从小就吸收经典文化知识，不但能够陶冶情操，性格温和，举止文雅，促进良好行为习惯的养成和道德修养的提高，而且有利于孩子对中华传统文化的继承和发扬。

一、以识字为主，为朗读感悟打好基础

通过诗文可以学习生字，如：以教学《春晓》为例。

春眠不觉晓，处处闻啼鸟。夜来风雨声，花落知多少。

在诗句中圈出主要的生字再学习。

1.在朗读中感悟。学生可通过观察图画或教师介绍，了解诗人的情况，再听老师范读一次，感受诗歌的韵律节奏之美。

2.读准字音、读出韵律节奏，再小组合作；朗读诗文，画出不理解的词句，全班交流，教师点拨；帮助学生读懂诗意。

3.让学生在反复朗读中初步了解诗文大意。

4.指导有感情地朗读，感受意境，引导背诵，品味朗读，初步体会诗情。

5.用自己的话说说诗句的意思。

6.拓展延伸，把自己学过的古诗词背给同学听，进行背诵古诗比赛。

二、开展丰富多彩的活动，为学生搭建展现自我的平台

丰富多彩的活动是农村小学生的最爱，为了激发学生的诵读兴趣，我开展了以下诵读活动：

1.在班级中开展"我是诵读小明星"诵读比赛，比赛设一、二、三等奖及优秀奖。学生在比赛中情绪高昂，都想把自己最好的诵读能力展现给老师和同学看。

2.每天早上的早读课，我安排20分钟的时间给学生诵读诗文，在略知诗文大意的基础上，诵读诗文效果更佳。每节课的课前3分钟，安排学生诵读诗文，由班干轮流领读。常言道："书读百遍，其义自见。"长时间地诵读诗文，通过潜移默化的形式，影响学生，陶冶学生的情操，学生诵诗的兴趣会增加。

3.每隔一周，我就在班里开展"收集诗文小能手"的比赛，我要求学生利用课余时间收集诗文，并利用每周一的班会课进行交流，让学生把自己收集的诗文读给老师和同学听，让大家评选出当期的"收集诗文小能手"。

三、营造诵读氛围，激发学生兴趣

"兴趣是最好的老师。"要让学生诵读好诗文，首先得从培养学生的兴趣入手。提倡愉快诵读，让孩子们把诵读经典当作一件乐事，从而形成一种良好的阅读习惯。小学生有很强的模仿能力和从众心理，一个人单独做一件事情，也许不会有什么兴趣，要是几个人甚至更多人一起做这件事情，他的兴趣就来了。同样，一个人读古诗较难，可是，全班都读，全校同学都读，则会大大激起每个学生的诵读兴趣。因此，我们学校开展"经典诗文诵读活动"面向全体学生，要求一至六年级所有同学都参加诵读诗文的活动。同时，还要求老师、家长也参与到活动中来，让我们的老师和家长跟孩子们一起诵读，伴孩子一起成长，形成人人读经典、个个诵诗文、处处有书声的良好风气，为学生营造浓厚的诵读氛围，大大激发学生热爱经典诗文、喜欢诵读诗文的热情。

把朗读、诵读、积累作为古诗词教学的重点。需要指出的是，在古诗教学中，教师要加强诵读指导，最好多范读，可以给学生最直观的感觉。节奏、重音、抑扬顿挫的声调，学生一听范读自然明了。在此基础上，要求学生熟读成诵，背熟每一首古诗，直到能正确默写。古诗词教学应遵循学生的身心特点，灵活掌握，把握好节奏、方法，让学生在热爱古诗中去欣赏学习。

《语文课程标准》指出："语文课程应致力于培养学生语文素养的形成和发展。语文素养是学生学好其他课程的基础，也是学生全面发展和终生发展的基础。"我们培养的学生不是无情物而是有情人，他应有健康的人格、丰富的情感世界和艺术想象力，而非麻木冷漠之人。因此在"大语文观"理念的指导下，古诗词教学应激活学生学习古诗词的兴趣，致力于培养学生的文学气质、文学素养，对汉语言的敏感力、洞察力，使学生徜徉在文学的海洋中，领悟语言文字之精妙。

总之，让学生从小直面古诗文，诵读古诗文，培养学生对古诗文的兴趣，是弘扬传统文化，振兴中华民族的重中之重。通过诵读经典古诗文教学的开展，学生一定能够积淀丰富的文化知识，形成良好的语文素养，对中华民族优秀历史文化的继承和发扬真正起到积极的推进作用。

情感引领审美教育

一、情感引领，架起文学桥梁，精短文言文，必不可少

文言文语言凝练，意境深远。要想使学生具有激情，教师首先要做到有热情，克服教育行为中的惯性，使教学方法多样化，力戒刻板。在进行每课

文言文教学时，都应找准激情点，并以此为契机。教师只有以情激情、找准情感基点，才能使学生在情感的驱使中学习语言，才能使学生从中获取情感与人文精神的养料，从而丰富学生的感情世界，开启艺术想象力，从中汲取文学营养。

二、巧用媒体，情景结合，进行审美教育

多媒体能集文字、声音、图像、图形于同一界面，具有声情并茂、视听交融、动静交错、感染力强的特点，为学生拓宽视野提供生动活泼、具体形象的思维材料。让学生在学习古诗时如闻其声、如临其境，直观地理解诗意，体会情感，得到美的感染、情的陶冶。如我在教《望庐山瀑布》时，首先利用多媒体指着各个景点逐一向学生介绍庐山的秀美风光；然后播放瀑布奔流的视频；最后，我把"庐山瀑布"来了个特写，声情并茂地向学生介绍。此时学生强烈的好奇心和求知欲望已呼之欲出，在这种状态下学习无疑会收到事半功倍的效果。

三、淡化诗意，分析诵读，尊重个性化理解

有位哲人说："正是儿童承袭了人类最初的诗性性格，他们的智慧即指向眼睛看到的地方，也指向心灵看到的地方。"教师不能以自己独白式的分析代替学生的阅读实践，要珍视学生独特的感受，让学生在积极、主动的思维和情感活动中加深对古文的理解、思考，从而受到情感的熏陶，获得思想启迪。那么对古文的理解，只要学生借助注释大体理解即可，但是如何去展现，诵读是最好的方式。只有有感情地诵读，才能体会出古文的真味。如《岳阳楼记》，学生通过品读理解，进一步体会到作者忧国心切的心情。此时，再通过声情并茂的朗读与作者产生共鸣，这文与情、情与境的交融，则

是古文教学的最高境界，也才能使学生领略到古文独特的艺术魅力。学生吟诵古文，抑扬顿挫，韵味无穷，不仅可以感受到汉语言的音律之美，诗文意境之美，形象之美，还可以积累语言精华，受到熏陶感染。

四、启发想象，升华主题，感悟诗的意境

爱因斯坦说："想象力比知识更重要，因为知识是有限的，而想象力概括着世界上的一切，推动着进步，并且是知识进化的源泉。"想象是创造能力中最活跃的因素，因为它是人们改造世界的一切创造活动的必要条件。在古文教学中我经常让学生续讲故事，鼓励学生展开想象的翅膀大胆想象。如《滕王阁序》一文的教学中，让学生续讲故事，他们的故事给了我意外的惊喜。某学生讲："作者兴致勃勃来登顶，感慨万千，抬头看见广阔的水面，没想到孤鹜开口说话，向作者介绍了滕王阁……"看，学生也能发散思维，大胆想象，他们的思维被激活了，心灵的火花得以迸发。在发展学生语言能力的同时，也发展了学生的思维能力，激发了他们的想象力和创造潜能。在古文教学中，我们让学生插上想象的翅膀，使他们在古文的意境中遨游，真正感悟古文的意境，理解文意。在教学"遗民泪尽胡尘里"诗句时，我播放了阿炳的二胡曲《二泉映月》，并从旁低沉解说，让学生闭目想象："你仿佛看到了什么？"借此激活学生脑中相关表象，缩短了学生与作者的时空距离和心灵差距。有的学生说："我仿佛看到了金兵正押着遗民修筑城墙。"有的学生说："我仿佛看到了金兵挥着皮鞭抽打着遗民，生活多么痛苦啊！"

五、拓展阅读，培养诗趣，课外延伸，积淀文化底蕴

我们不能就诗教诗，教师要勇于把语文课堂的触角伸向更广阔的天地，也就是学生的生活和大自然。古诗词距离学生遥远，有很多诗词都有当时特定的历史背景，这就要靠学生具有搜集和处理信息的能力。在学习前要阅读、收集大量与本诗有关的资料，以便更好、更深地理解。在这一次次的积累中，学生的语文功底才能渐渐地厚重起来。另外，在学完一首古诗后，可以由此及彼地进行相关链接。当学生有了一定数量的积累后，完全可以跳出教材，进行组诗的教学，学生的品味在一步步提高，让他们感受到在古典文学中，自己所知仅是沧海一粟，从而激起他们更强烈的学习欲望。

总之，优秀古文是小学教育的重要资源，优美的诗词，深刻的内涵，高远的意境，流传的佳句，精湛的语言，是我们取之不尽、用之不竭的宝藏。

诵读经典，品味文化

孔子说过："不学诗，无以言。"我国是一个诗的国度，经典诗文历经了几千年岁月淘洗流传下来，是我国古代文化艺术宝库中一颗璀璨的明珠。它内涵丰富，意境优美，语言精练，音韵和谐，有很高的审美价值。所谓"经典"，是指古今中外重大知识领域的原创性著作，是被历史证明最有价值、最重要的文化精髓。最能代表中华民族五千年文化精髓的经典有四书五经、唐诗宋词、历代散文等重要著作。

学生熟读背诵经典诗文，既能认识中华民族的文化精髓，了解先人的心境，又能潜移默化地提高学生的素质，并能将书面语言内化吸收为自己的语

言。因此，鼓励学生多背诵一些古诗文、名篇佳作，多积累一些语言材料，有益于学生语文能力的提高。如何培养小学生诵读经典诗文的兴趣？结合自身的教学实际，谈谈我的几点做法。

一、营造浓厚的诵读氛围，激发学生诵读兴趣

兴趣是学习的老师，在兴趣"老师"的吸引和指导下，可以加快获得丰富知识的进程；兴趣是成长的前提。凡是成才者，事先都具有喜好某种事物的心理倾向，特别是小学时期对某物的兴趣，如果不受客观因素的干扰、制约，往往可以转化为将来从事某种专业和专业活动的兴趣。所以必须注意营造浓厚的诵读氛围，激发学生诵读的兴趣。

1."文配乐"。我每天定时播放古文配乐朗诵，让学生感其声，领其情。

2."文配画"。我让学生根据诗意，为古文配上图，展开合理的想象，以画来体会古文的意境，体会作者丰富的人生感悟。

3."午读乐"。每天，我安排了"课前一诵"，并利用午读和课前5分钟的时间进行教读、朗读、齐诵，并安排学生依次到讲台上声情并茂地朗读、领读或者背诵，从而调动了学生的学习积极性。

4."讲故事"。我在班级里，通过讲故事的形式，让学生了解中国悠久的文化。如：跟学生讲讲孔子和他的学生之间的故事、中华勤学故事等，在教学《三字经》中："昔孟母，择邻处。子不学，断机杼。"我先给学生讲关于孟子求学的故事，听了故事以后，学生在大致了解意思的基础上再去诵读诗文，这样诵读的效果会更好。要为学生营造浓厚的诵读氛围，大大激发学生热爱经典诗文、喜欢诵读诗文的热情。

5."诵读能手"。我在班级中开展"我是诵读小能手"诵读比赛及"收集诗文小能手"的比赛，学生在比赛中情绪高昂，他们都想把自己最好的诵读能力展现给老师和同学，并把自己集的诗文读给老师和同学听，让大家评选出当期的"小能手"。

二、品味古文魅力

经典古文用词准确、凝练，诗句的精深充分表现了汉语言的美。因此，指导学生在理解品味古文的过程中体会古文的魅力，激发诵读古文的兴趣。我经常组织学生收听古文诵读及赏析讲座，观看配画、配乐诗诵录像。学生从动人的画面上，从悦耳的乐声中，想象着、体会着、感受着古文的艺术魅力。学生在欣赏中对经典古文的描绘进行再造想象，丰富了学生的内心世界，感受到了古文的意蕴，从而增进了学生对诗词的理解。另外，我还让学生在诵读的过程中，自行查阅资料，通过询问、调查、收集、阅读等手段，来理解、感悟古诗词的内容、作者的思想感情及蕴含的哲理等。为了能有效地调动学生自主探究的积极性，我在班上开展一些激励性活动，如"资料展示会""心得交流会"等。学生在探究的过程中积极性都很高，不仅获得了不少知识，还能够"旁征博引"，表达自如。

三、教给学生诵读方法

开展古诗文诵读是一个关于诵读实效性和兴趣性的问题。美妙绝伦的东西用千篇一律的方法去操作，学生也会日久生厌生烦的。为此，我们应尽一切办法去实施。

征人久不能归的怨情

——读《征人怨》

征人怨（柳中庸）

岁岁金河复玉关，朝朝策马与刀环。

三春白雪归青冢，万里黄河绕黑山。

1.读诗题：即已明确了类型为"边塞诗"，主旨是"怨"。

2.读形象："金河""玉关""青冢""黑山"等，都是边塞地名，是"征人"生活和战斗的环境。

3.读"明示"："怨"字已明示了情感基调、全诗主旨。为何而"怨"？从"岁岁""朝朝"看，调动频繁，戍边无期；从生活环境（形象）看，气候寒冷，景色单调。

4.读"有无"：年年岁岁，朝朝暮暮，只有紧张的备战、单调的生活，而无亲人团聚、天伦之乐，无耕读种织、故土温情……

【阅读小贴士】

此诗写征人久戍不归的怨恨。远离家乡的征人，年年转战于西北苦寒之地，天天与兵器打交道。暮春三月本来是征人家乡春暖花开的时候，但边塞之地仍然白雪纷飞；黄河九曲，环绕着沉沉黑山。一切都那样零落荒凉。诗中没有一字是怨，但字字是怨，把征战之人厌倦戎马生涯的怨情寓于其中。

这首诗意在写征夫长期守边，辗转不能还乡的怨情。诗的首句写守边时间延续，地点转换；二句写天天战争不息，生活单调凄苦；三句写边塞气候恶劣，暗隐生还无望（归青冢）；四句写边塞形势，点明生涯之不定。以怨为题，却无一"怨"字，用叠字和名词，浑成对偶反复，回肠荡气，虽无"怨"字，怨情自生。

友人间的惜别之情

——《送杜十四之江南》

送杜十四之江南（孟浩然）

荆吴相接水为乡，君去春江正渺茫。

日暮征帆何处泊？天涯一望断人肠。

1.读诗题：交代了对象、去向、事件，这是一首送别诗。

2.读"明示"："断人肠"，表达送别时的心情：愁闷、无奈。

3.读形象，读"有无"："荆吴"即诗题中"江南"；"水为乡""春江"，抓住江南水乡的特点写；"渺茫"，一语双关，既写春江烟波浩渺，又写心情茫然惆怅。人物形象："何处泊"，既表现了友人的漂泊不定，又表现了诗人对他的担忧。"天涯一望"写友人漂泊天涯，举目一望，不见诗人而"断人肠"，也写诗人"一望""天涯"，不见友人而"断人肠"。

【阅读小贴士】

诗开篇就是"荆吴相接水为乡"，既未点题意，也不言别情，全是送者对行人一种宽解安慰的语气。"君去春江正渺茫"，此承"水为乡"，说到正题上来，话仍平淡。"日暮征帆何处泊"，由景入情。朋友刚才出发，便想到"日暮征帆何处泊"，联系上句，这一问来得十分自然，写出友人的孤单寂寞。友人走后，诗人遥望江面，但见"日暮孤帆"，航行在渺茫春江之上，于是代人设想，船停何处？投宿何方？通过渺茫春江与孤舟一叶的强烈对照，发出深情一问，对朋友的关切和依恋在这一问中表达得淋漓尽致。同时，揣度行踪，可见送者的心追逐友人东去，又表现出一片依依惜别之情。"天涯一望断人肠"，诗人遥望渐行渐远的行舟，送行者放眼天涯，极视无见，不禁情如春江，汹涌澎湃。"断人肠"将别情推向高潮，在高潮中结束全诗，离愁别恨，悠然不尽。

春天的气息

——读《田园乐（其六）》

田园乐（其六）（王维）

桃红复含宿雨，柳绿更带朝烟。

花落家童未归，莺啼山客犹眠。

1.读诗题：可知这是一首"田园诗"，"乐"字表现情感及主旨。

2.读形象：一、二句物象："桃红""柳绿"色彩鲜明，"桃红含宿雨"，桃花湿润，空气新鲜；"柳绿带朝烟"，空气微润，柳影朦胧；"花落"，落英缤纷，诉诸视觉；"莺啼"，鸟语婉转，诉诸听觉；给人以动态感。诗中有画，景色怡人，蕴含一个"乐"字。人物形象："家童来扫""山客犹眠"表现出生活的自然闲适，仍然扣住一个"乐"字。

【阅读小贴士】

本首诗特点是绘形绘色，诗中有画。它不但有大的构图，而且有具体鲜明的设色和细节描画，使读者先见画，后会意。写桃花、柳丝、莺啼，捕捉春天富于特征的景物，这里，桃、柳、莺都是确指，通过"宿雨""朝烟"来写"夜来风雨"，也显然有别样的艺术效果。在勾勒景物的基础上，进而有着色，"红""绿"两个字的运用，使景物鲜明夺目，读者眼前会展现出一派柳暗花明的图画。"桃之夭夭，灼灼其华"，加上"杨柳依依"，景物宜人。着色之后还有进一层渲染：深红浅红的花瓣上略带隔夜的雨滴，色泽更柔和可爱，雨后空气新鲜，弥散着冉冉花香，使人心醉；碧绿的柳丝笼在一片若有若无的水烟中，更袅娜迷人。经过层层渲染、细致描绘，诗境自成一幅工笔重彩的图画。这首诗勾画了一幅美丽的田园风光图：桃红、宿雨、柳绿、朝烟、花落、莺啼等景物，和谐而富有诗意。诗歌中的"犹眠"二字最能表现诗人当时的内心感受。

食螃蟹之绝唱

——读《螃蟹咏》

螃蟹咏[①]（潇湘妃子[②]）

铁甲长戈死未忘，堆盘色相喜先尝。

螯封嫩玉双双满，壳凸红脂块块香。

多肉更怜卿八足，助情谁劝我千觞？

对兹佳品酬佳节，桂拂清风菊带霜。

注：①取材《红楼梦》第三十八回，《螃蟹咏》是《菊花诗》的余音，贾宝玉、林黛玉、薛宝钗等在作完菊花诗、吃蟹赏桂之际又作《螃蟹咏》。②潇湘妃子即林黛玉，她住在大观园中的潇湘馆，故得此名。

1.读诗题，可知为咏物诗，托物言志（抒情）。

2.读注释，可知事由、作者。如了解到"吃蟹赏桂"就能读懂"堆盘色相喜先尝""桂拂清风菊带霜"等句。

3。读形象，黛玉把螃蟹的壳和螯比喻为"铁甲长戈"，将螯中的肉比喻为"玉"，表现了对螃蟹的赞美之情。

4.读"明示"，"死未忘""怜""佳品"等词语明确地表达了诗人的情感。黛玉通过对螃蟹的赞美、怜爱，表达了追求精神自由、保持独立人格的个性。

▲【阅读小贴士】

　　大观园中姐妹们共聚海棠诗社，席间吃了螃蟹，于是宝玉、黛玉和宝钗起了兴致，便各作了一首《螃蟹咏》。其中林黛玉的《螃蟹咏》表面看不过是表达她对蟹肉美味的偏爱而已，实则尖锐地讽刺了以贾雨村为代表的一类贪婪、横暴的"世人"，并因此而被宝玉和众姐妹评为食螃蟹的"绝唱"，这也是读诗应该特别注意的方面。

第三章 儿童小说的阅读

儿童小说的概念有广义和狭义之分。严格意义上的儿童小说指的是以塑造儿童形象为中心，以广大儿童为主要读者对象的散文体的叙事性儿童文学样式。因此，它要求有以儿童形象为中心的人物形象或以儿童视角所表现的成人形象、以儿童行为为中心而串联的故事情节、以儿童生活的背景和场所为主的环境描写。但一般意义的儿童小说的概念比较宽泛，常指从儿童观点出发，充满儿童情趣，能充分满足儿童审美需求，符合儿童好奇、好动的心理行为特征，以社会生活为内容，极具想象力和故事性的散文体的叙事文学样式。这里特指小学生能读懂的、故事情节稍复杂的童书。

作为儿童小说，首先是小说，是文学，是艺术，它应该显示文学艺术的一些基本特点，即它必须是美的，这种美是全方位地体现在文体、内涵、意境、情趣、描写、文字等各个方面；它必须是打动人心的，人类普遍认可的情感、道义、精神、智慧，诸如善良、正义、勇敢、机智等，在与邪恶、虚伪、污浊、愚昧等的抗争中，要能给人以普遍的永久的激情、感动、仿效和力量；它必须是独特的，即它在人物、环境、情节、细节、语言等方面都能以有别于其他的形式奉献给读者。以上艺术之所以称为艺术的条件，是基本的，往往又是属于最高境界的。作为小说它又有别于其他文学体裁，比如童话，它是借助于幻想将现实生活编织成一幅奇异的图景，这图景是超越时空限制的，是超自然现象与生活之真的结合，是在假中求真。小说则不同，小说是借助于想象将现实生活编织成近似生活、酷似生活而又高于生活的艺术。所谓近似生活、酷似生活，是说它不能超越时空的限制，无论物体、人物、环境的形貌，及其变化、运动，都要符合生活的特点、规律，都要保持生活形象的个别性、具体性、生动性、丰富性和完整性。所谓高于生活，是说它是通过酷似生活来揭示生活本质和运动规律，寄托作家的思想情感和思想倾向性，是说它比生活原型更集中、更典型、更理想，也更有感染力、审美意义和思想教育意义。

儿童小说和一般小说虽然在审美的本质上是相同的，但毕竟前面加了"儿童"二字。这"儿童"二字，确切地说是指书的阅读者是儿童。儿童读者的接受能力如何？他们喜欢读什么样的作品？不喜欢读什么样的作品？客体的文本与主体的阅读能碰撞出火花吗？那酷似生活又高于生活的艺术怎么才能激起儿童读者的联想与想象，从而在他们头脑里产生美好的再造艺术？这就好比单杠运动，跳起来双手够着单杠进行身体摆动，如果前面的单杠太低使身体无法摆动，或过高使得跳起来够不着，都是达不到运动目的的。文本的高度要根据读者对象处理得恰到好处。

由于儿童小说的描写对象和读者对象的特殊性，儿童小说除了要服从小说的一般艺术规律外，还要有自己独特的艺术规定性。

一、主题积极鲜明而有针对性

主题是作品的灵魂，它统领着作品的一切。作者在创作小说的过程中，一定要明确主题、把握主题，不能含糊不清、犹豫不决。儿童小说由于它的特定读者对象，尤其应有鲜明、积极的主题。因为儿童正处于成长发育阶段，他们对外界事物的感知、理解和判断处在由简单到复杂、由表象到本质的渐变时期，思维正处于由单一到繁复的过程——他们的思想水平、理解能力和阅读水平还没有完全成熟。所以儿童小说的主题不能过于含蓄、隐晦、模糊。同时，因为儿童文学担负着对下一代的思想、知识、审美等方面的教育责任，所以，儿童小说的主题也必须是比较积极、鲜明和有针对性的。

二、题材广泛、深刻而有限制性

儿童小说同其他儿童文学体裁一样，都是以反映和儿童相关的社会生活为主。社会生活内容的无比多样性和丰富性决定了儿童小说的题材也应该是丰富多彩的。中外著名的儿童小说题材及其范围都是很广的。作家的笔触深入许多领域，描绘了处于不同时代、不同国家的儿童生活。

儿童小说虽然以儿童生活为主要题材，但是为了开阔儿童的眼界，为他们塑造可效仿的形象，成人生活题材也应在儿童小说中有所反映。事实上，儿童生活与成人生活往往是联系在一起的。作家在反映这一类题材时，如果能以儿童眼光描绘成人生活，写作方法切合儿童心理，富有儿童情趣，同样也能受到儿童的欢迎和喜爱。

儿童小说的题材虽然具有广阔性，同时也具有一定的限制性。少年儿童对是非、善恶、美丑的判断常常从表面出发，辨析力毕竟较弱，易于被复杂现象所迷惑。因而，儿童小说创作绝不能"百无禁忌"。作家必须审慎地选择材料，不能因为强调自己的意念、观点和感受，而忽视对儿童小说题材的鉴别分析、整理加工。事实上，对一般小说可以适用的题材未必能原封不动地用在儿童小说中。如凶残、恐怖的题材就不适宜写进儿童小说，至于那些淫秽、色情题材更为儿童小说所排斥。儿童小说题材具有一定的限制性，也并不是说只能选择那些表现光明快乐的东西。儿童也同样生活在复杂的社会中，也可以选择具有正反两面性的东西，只要能够引导儿童正确认识生活、对待生活，就是儿童小说可立意的好题材。问题不在于写什么，而在于如何写。揭露生活中的假、恶、丑，是为了对其进行鞭挞、批判，让正气压倒邪气，唤起少年儿童与之进行斗争的勇气。但必须注意，写这类题材时，一定要恰当地掌握分寸，不能使少年儿童感到消沉、压抑，甚至丧失对生活的信心和勇气。儿童小说题材具有一定的限制性，也不意味着要把现实生活反复"过滤"到纯而又纯的程度之后，才能写给儿童看。比如，历来儿童小说把爱情题材视为不可涉足的禁地，写男女儿童之间的关系，只能写"友谊"，不能写"恋情"。实际上，社会应当允许作家大胆尝试创新，在创作实践中寻求这类题材如何发挥对儿童思想情操的教育、认识与熏陶的作用，探索艺术表现的途径。当然，如果一窝蜂地都去写这类题材，那也是不可取的。

三、人物形象性格鲜明，以少年儿童为主

文学是社会生活的反映。作为社会关系总和的人是社会生活的主体。文学要再现社会生活的真实面貌、揭示社会生活的本质，就不能不以各种人物作为描写的中心。小说的一个基本特点就是它可以多方面地、细致地刻画人物。儿童小说与一般小说相同，是以描写人物为中心。任何一部儿童小说，它的社会作用都要通过作家在作品中塑造一个或几个人物形象——读者在阅读欣赏过程中运用想象再造出艺术形象——从再造的艺术形象身上获得审美享受而最终实现的。因此，努力塑造性格鲜明、反映一定社会生活、概括一定生活本质、以少年儿童为主的人物形象是儿童小说的重要任务。具有艺术魅力的中外优秀的儿童小说，无不以性格鲜明的人物形象感染着一代又一代的儿童，发挥着巨大的精神感召作用。

儿童小说塑造的以少年儿童为主的、性格鲜明的人物形象，既可以是先进少年儿童的典型，也可以是普通少年儿童的代表，还可以是有严重的过失或带有一定悲剧性色彩的少年儿童形象。

首先，儿童小说应努力塑造富于幻想、积极进取、爱憎分明的先进少年儿童形象。因为对少年儿童读者而言，塑造先进少年儿童典型形象，既符合少年儿童了解优秀同龄人的生活及敬佩楷模的心理，又能帮他们树立起鲜活的榜样，可以使小读者从先进人物身上汲取精神营养，从而健康成长。

其次，儿童小说应当把典型形象的发掘目光积极地投向平凡的少年儿童。因为普通少年儿童才是少年儿童的主体，他们的日常生活、思想状况，他们的喜怒哀乐等等，都应是儿童小说家关注的焦点。这样，写出来的普通而鲜活的少年儿童形象才会更真实，对小读者更具有吸引力。

最后，儿童小说还可以另辟蹊径，把带有一定悲剧性色彩的少年儿童作为主人公，展现主人公由"反"到"正"的蜕变过程，对当代儿童起到一定程度的教化作用。多年来，儿童小说创作中有一种不成文却有着潜在影响的观点：把儿童教育中"正面教育"原则简单直接地搬到儿童小说创作中来，造成儿童小说创作只能以正面人物为主人公的局面，这限制了题材的开拓和主题的深化，影响了儿童小说创作的繁荣和发展。真实地反映少年儿童生活，反映少年儿童生活中的矛盾和问题，就不能不面对这样的问题：在不良社会思潮影响下，有些少年儿童没有抱负，没有理想，目光短浅，缺乏努力学习的自觉性；有的思想品质差，自私、不诚实、不懂礼貌，个别的甚至道德败坏，对社会有很大的破坏性。这样的人物也可以作为主人公写进作品。只要所写的不是不可理解的病态的孩子，哪怕是一个失足的犯罪少年儿童，只要写出他们克服缺点逐步前进的过程，显示出社会具有矫治他们缺点、医治他们创伤的巨大力量，就是有意义的作品。不同时代带有一定悲剧性的少年儿童形象也是不同的，这就要求人物形象具有强烈的时代感，而且艺术表现上也应该有新的创造。

儿童小说主要刻画和塑造少年儿童形象，但并不排斥成人形象。因为少年儿童不是孤立于成人之外生活的，他们的成长离不开社会和成人的影响和熏陶，成人的言谈举止时时微妙地影响着他们。儿童小说要注意对成人形象的精心刻画。如果只把成人形象作为少年儿童形象的衬托，就会缺乏个性特点，更不会成为有血有肉的人物。优秀的儿童小说在努力塑造少年儿童形象的同时，都注意对成人形象的刻画。

儿童小说出场的人物不能太多。中长篇的容量较大，人物虽然可以比短篇多些，但人物相互间关系也不宜太错综复杂。但也不能低估小读者的水平，写得平铺直叙、淡然无味。

在经历中成长
——读《亲爱的汉修先生》

一口气读完《亲爱的汉修先生》，感觉自己就像书中的男孩鲍雷伊一样，经历了一次成长。读完后，内心的那种感觉依然久久萦绕。

鲍雷伊因为父母离异、家庭状况不好，而慢慢学会了独处，学会了自立；在和同学的交往中，学会了如何结交朋友；在和作家汉修先生的书信来往中，学会了写作，学会了观察、体验和感悟，学会了写日记，学会了用文字表达自己的情感。鲍雷伊的书信和日记中充满了太多的遗憾，他没有找到偷吃自己午餐的"小偷"，他没有看到爸爸妈妈的"第二次婚姻"，他没有得到作文比赛的第一名，他没有宽敞明亮的家……这一切的不完美一直延续到这本书的结尾，让我们为鲍雷伊感到惋惜。然而，这就是生活，这就是真实的人生，作者没有因为要创作这部作品而把生活有意夸大或缩小。

鲍雷伊从二年级开始写日记，一直写到六年级，才获得了小作家征文荣誉入围奖。其间，鲍雷伊用了很多署名——您的朋友、您最棒的读者、您最喜欢的读者、学生鲍雷伊、您的头号书迷、筋疲力尽的读者、您以前的朋友、还在生气的鲍雷伊、受够您的鲍雷伊……通过这些署名，我们就像看到了一个天真率直的小男孩站在我们面前，感觉是那么亲切和真实。我们从这些署名也能感受到鲍雷伊内心的变化，看到他不断成长的足迹。

第三章 儿童小说的阅读

鲍雷伊从一个小男孩成长起来了，他慢慢变得坚强、自信，而这一切和他周围的人又是密不可分的。不窥探他隐私的母亲，爱他而又比较负责任的父亲，注意提醒他、帮助他的法兰德林先生，把汉修先生的新作第一个给他看的图书管理员，他的好朋友培瑞……这些人让鲍雷伊感受到自己的存在，并且思考自己在社会群体中的位置。通过和这些人的不断交往，鲍雷伊学会了怎样与别人交流和相处。在对待父亲的问题上，鲍雷伊有很多次的心理变化，体现了他不断成长、不断适应现实的过程。

我是一名语文教师，从《亲爱的汉修先生》这本书中我还学到了该如何引导学生阅读和写作。书中的人物给了我太多的启示，在这些不起眼的文字中蕴含着一种强大的力量。这种力量不是通过文字在起作用，而是通过心灵在起作用，它就像一面镜子，用孩子最纯真的心灵做我教书育人的镜子，让我明白，孩子要靠自己去成长，成长要经历一个相对漫长的过程；孩子成长需要引领，教育要靠被教育者自身主动地参与……写作是思想成长的过程，要靠阅读历练思想，要靠写日记打磨思想，要靠观察感受人生，要用体验证明成长……这一切都告诉我们该如何指导学生习作，也更加坚定了我在学校中实施"读书工程"的决心。

一本小书，却蕴含了太多的力量，值得每一个人去欣赏。我想，如果我是一个孩子，看到这本书我会很高兴，因为读这本书就像在和鲍雷伊聊天一样。我相信孩子们都会喜欢这本书，我也相信每读一遍这本书，都会产生新的体验、新的感受。

▲【阅读小贴士】

孩子是父母的，但他更是自己的，他要自己去面对将来的生活。

儿童的天性是向往自由的，他要慢慢在人生经历中学会遵守规则，学会理解与尊重。儿童又是淡泊名利的，对荣誉的渴望，对失败的沮丧，远没有成人那么强烈。

儿童要靠自己去成长，成长要经历一个相对漫长的过程；儿童成长需要引领，教育要靠被教育者自身主动地参与……

第三章 儿童小说的阅读

生命的脆弱与坚强

——读《夏洛的网》

很多朋友都在推荐阅读《夏洛的网》，我却很长时间没有买到。后来买到后，就一口气读完，并且把整个故事读给学生听。

故事讲的是一头幸运的小猪，刚出生时因为又小又弱、不好养活而差点被农场主杀掉，但是它碰到一位好心的小姑娘——农场主的女儿弗恩，她精心地照料它，还给它起名叫威尔伯。但是，在它生活的世界里，并没有人把它当作朋友。正当它孤独苦闷的时候，蜘蛛夏洛出现了。夏洛愿意和威尔伯做朋友。于是它们快乐地交谈，真的成了朋友。但是命运总是在纠缠着有生命的个体，威尔伯面临着圣诞节将被做成熏肉火腿的命运。于是，一场与命运抗争的"游戏"开始了。夏洛在蜘蛛网上织出各种文字，让人们相信威尔伯是一头不同凡响的小猪，并最终帮助它在集市上获胜，得到奖牌，得以安享天年。而夏洛却无法逃脱自己的命运，老死了。威尔伯把装有夏洛后代的卵袋带回猪栏，看着夏洛的孩子诞生，大多数小蜘蛛都"飞"走了，但仍有3只小蜘蛛留下来和威尔伯做伴……

在《夏洛的网》中，我看到了一群柔弱的生命在努力地绽放：小姑娘向举着斧子的父亲要回小猪；夏洛在利用一切时间为小猪威尔伯改变命运；小猪威尔伯在夏洛的鼓励下不断表现出自己的与众不同，最终有了责任感，并改变了被吃掉的命运。一只蜘蛛改变了一头小猪的命运，这就是生命的伟大奇迹，这就是努力与命运抗争的奇迹。蜘蛛夏洛死去了，还有千千万万的小蜘蛛，它们也可以创造奇迹，这就是命运的延续，每个人都不能掌握自己的生死，但是顽强的生命可以把握自己的命运。用生命温暖生命，是我从这本书中读到的最深的含义；用信念和行动改变命运是我从这本书中读到的现实意义。一种感动，一种温暖，一种责任，一种归属……我从这个群体看到了人类群体。

夏洛的生命是柔弱的，是短暂的，但是让我感觉到了坚强，甚至感觉到了生命的不可战胜。一个最弱小的生命如果不放弃努力，也会创造最伟大的奇迹。经常在各种媒体的报道中看到几十年如一日在做着某种工作的人，不管工作本身是否伟大，我们都能感受到这个生命的坚强与伟大。"人人生来平等"似乎是一句欺世的谎言，但是认真想一想，又是最终的真理。不仅对死的意义而言，对生同样如此。我不想引用保尔著名的那段话，但是我能强烈地感觉到生命的坚强。

▲【阅读小贴士】

每个人都不能掌握自己的生死，但是顽强的生命可以把握自己的命运。用生命温暖生命，是我从这本书中读到的最深的含义；用信念和行动改变命运，是我从这本书中读到的现实意义。

一个最弱小的生命如果不放弃努力，也会创造最伟大的奇迹。

微笑面对

——读《了不起的狐狸爸爸》

新鲜刺激,无疑是《了不起的狐狸爸爸》带给孩子的阅读感受。整个故事很简单,写狐狸一家受到生命的威胁,狐狸爸爸没有放弃一点点生存的机会,用自己的智慧解救了自己,带领全家摆脱了困境,而且让很多小动物和它们一起享受到了生活的富足和快乐。

《了不起的狐狸爸爸》是典型的外国文学作品,因为它塑造的爸爸形象是亲切的、人性化的,而且具有英雄主义色彩。同中国的正统爸爸不一样,狐狸爸爸诙谐、幽默、勇敢,同时又充满智慧。狐狸爸爸以弱小的躯体对抗强大的武器(猎枪、挖掘机等),也许它的内心也曾有过恐惧,但它很快就能够冷静地面对发生的一切。这很容易让爸爸们对号入座:"我是不是像狐狸爸爸一样?我能不能做到狐狸爸爸那样?"

狐狸爸爸的了不起之处表现在很多方面:第一,勇敢。在尾巴被打掉一截时,在洞穴马上被挖开时,在人家的仓库中时……狐狸爸爸表现出了非凡的勇气。第二,智慧。狐狸爸爸的本领除了它本能的"闻气味、辨方向"以外,还有它对三个猎人的深入了解,了解他们心里在想什么,将要做什么。第三,大度。狐狸爸爸能体贴别人,它自己拥有很多食物,就会拿出来分享,让所有受难的动物都可以吃到食物,都可以享受生活的美好。第四,负责。狐狸爸爸始终让自己的孩子跟在身边,没有因为孩子幼小就让它们放弃责任而坐享其成。

虽然面对孩子的任性，我们不能放任，面对孩子的无礼，我们不能视而不见……但是，面对孩子的成长，我们更多的是要微笑面对他们做出的不妥行为。微笑面对，才能心平气和；心平气和，才能平静；平静，才可能富有智慧；有智慧，才会有真正的微笑。这是一个有趣的、良性的循环。

要以自身的努力摆脱当爸爸左右为难的困境。向狐狸爸爸学习，爸爸们的人生难题就可以解开了。爸爸是男孩心中的偶像，是女孩心中的大树，孩子们在用直通心灵的眼睛注视着爸爸的一举一动。爸爸不能太懒惰，不能太斤斤计较，要有智慧，最主要的一点——要负责任。除了承担对家庭的责任，还要肩负教育的责任，要用行动去教育，让孩子从小就学会分担家庭的一份责任，让他和你一起做事情，哪怕极小的事情。聪明的爸爸应该像对待大人一样对待自己的孩子，让孩子在和你共同劳动的过程中体会到劳动的乐趣，体会到家庭的责任，让负责成为孩子的一种习惯。孩子在尝试做一些小事的过程中，会发现把每件小事做好原来这么不容易，爸爸其实是很了不起的，这样的爸爸才能获得意想不到的尊重。这本书描写的是动物世界的故事，却能给人类世界带来很多启示。一个真正的男子汉是勇敢、智慧、责任、气度的统一体。

▲【阅读小贴士】

　　虽然面对孩子的任性，我们不能放任，面对孩子的无礼，我们不能视而不见……但是，面对孩子的成长，我们更多的是要微笑面对他们做出的不妥行为。微笑面对，才能心平气和；心平气和，才能平静；平静才可能富有智慧；有智慧，才会有真正的微笑。这是一个有趣的、良性的循环。

　　聪明的爸爸应该像对待大人一样对待自己的孩子，让孩子在和你共同劳动的过程中体会到劳动的乐趣，体会到家庭的责任，让负责成为孩子的一种习惯。

快乐就好

——读《火鞋与风鞋》

刚看到《火鞋与风鞋》这个名字的时候，相信每一个读者都不容易猜到这本书究竟在写一个怎样的故事，看过后才知道，原来作者讲述的是一个关于成长的故事。

迪姆是故事的主角，他的成长历程可以启发很多孩子。因为不同的孩子存在不同的"缺陷"，就会产生不同程度的自卑。迪姆是有"缺陷"的孩子。在他7岁生日的时候，他得到了一双新鞋，爸爸和他约定，假期将和他进行一次特别的旅行。假期到来后，"火鞋迪姆"和"风鞋爸爸"踏上了"流浪汉"的旅途。几个月的流浪经历让迪姆清醒地认识了自己。回到家的时候，他已经不在乎别人叫他"狮子狗儿""小胖墩儿"，他也不再是以前那个经常爱哭鼻子的小男孩了。迪姆仿佛一下子长大了，旅行中的经历让他对怎样和人相处有了更多的认识。迪姆最终战胜了自己，找到了自我，找到了成长的快乐，更找回了自信与大度。

"贫穷"和"丑陋"共同压在一个7岁孩子的身上，这是作者为读者塑造的一个典型形象。如何对待"贫穷"与"丑陋"，能折射出一个人的精神世界。迪姆的前后变化告诉读者，幸福的感觉只是和内心的感受相关。整个故事是积极向上的，迪姆的成长虽然不像丑小鸭的结局那样令人振奋，但是从迪姆的细微变化中，我们还是感觉到了生命本身的力量，那是我们每个人都应该寻找的心中的力量。

虽然"风鞋爸爸"只是一个鞋匠，他能送给儿子的生日礼物只是一双鞋子，但他的言传身教令人佩服。他有勇气带着7岁的儿子去"旅行"，他用一个个生动的故事教育孩子，同时用自己的豁达与坚韧激励着孩子。"风鞋爸爸"是个值得深入挖掘的形象。他是一个鞋匠，他的收入只够养活一家人，他的家虽然在大城市，但是只是一间地下室。这样的生活并没有让"风鞋爸爸"垂头丧气，相反，他每天都很快乐，甚至在做鞋子的时候还吹着口哨。正是他的这种乐观，给了迪姆很大的影响，总能让迪姆破涕为笑。在这里，爸爸是一种象征，一种人生态度的象征，一种人生境界的象征。

这本书的表述方式采用了"故事"和现实的漫游生活相结合的形式。"风鞋爸爸"讲的故事都和当时发生的事情紧密相关，而且，每个故事要说明的点也各不相同，但这些故事绝不是简单的说教，甚至有的故事读来令人发笑。每个故事不仅是要告诉迪姆某些道理，而且能够启发迪姆去反思，这种故事套故事的方式，很有意思。整本书的语言很有特色，除穿插了故事以外，还有一些歌谣，孩子们往往喜欢这样的语言，读来轻松甚至会过目不忘。

这本书既可以给孩子看，帮助孩子懂得如何认识自己，也可以给成人看，让成人知道应该怎样教育孩子。故事告诉我们，对孩子的教育，除了直接告诉某些道理和让孩子经历以外，更重要的是教育者自己要做出表率。迪姆的父母虽身处困境，但是积极乐观，把日子过得有滋有味，整个家庭充满温情，这样才有了迪姆的快乐成长。

图画是这本书不可缺少的一部分。封面色彩鲜艳，画面温馨，给人留下了深刻的印象。书中插图用笔简洁，给人留下很大的想象空间。阅读的时候，还要注意观察图中人物的神态，注意图文对照。这本书讲述的故事积极向上，文字中充满了温情。作者用幽默的语言讲述了一个并不轻松的故事，但读者读起来并不沉重，尤其是父与子的对话，有时更是让读者心生愉悦。迪姆一家的吃、穿、住、行并不是很好，通过文字，我们可以想象到迪姆一家人艰苦的居住条件，也可以体会到他们徒步旅行的艰辛，但他们对待生活的乐观态度，让人心生敬意。

▲【阅读小贴士】

如何对待"贫穷"与"丑陋"，能折射出一个人的精神世界。迪姆的前后变化告诉读者，幸福的感觉只是和内心的感受相关。

对孩子的教育，除了直接告诉某些道理和让孩子经历以外，更重要的是教育者自己要做出表率。

自由的精灵

——读《长袜子皮皮》

早就听说过《长袜子皮皮》这本书，因为原来的版本已经很难找到，所以一直没有读。后来，终于在书店寻到心仪的版本，如获至宝，一下子就抓在手里。

打开这本书细细品读，说实在的，有种"吓了一大跳"的感觉，林格伦女士给我们描绘了一个怎样的小女孩呀？"她头发的颜色像胡萝卜一样，两条梳得硬邦邦的小辫子直挺挺地竖着。她的鼻子长得就像一个土豆，上边布满了雀斑……她的又细又长的腿上穿着一双长袜子，一只是棕色的，另一只是黑色的。她穿一双黑色的鞋，正好比她的脚大一倍……"这就是皮皮，一个喜欢自己脸上雀斑的小姑娘，她认为雀斑越多越漂亮。她力气大得吓人，可以轻松举起一匹马，可以教训凶狠的强盗，可以轻而易举地把鲨鱼抛到远处，可以在任何地方玩各种惊险的动作，警察和卢森布鲁姆小姐根本不被她放在眼里，学校更是她经常嘲笑的地方。

长袜子皮皮完全是一个天外来客，而不是一个地球上的孩子，她颠覆了一切是非标准，她不懂礼貌，她不讲卫生，她不爱学习，她不敬权威……可是所有的孩子都喜欢她。她乐善好施，给孩子们需要的糖果和玩具，她带领杜米和阿妮卡去进行各种冒险……相信所有的孩子看到这本书，都会马上喜欢上这个奇怪的小姑娘。

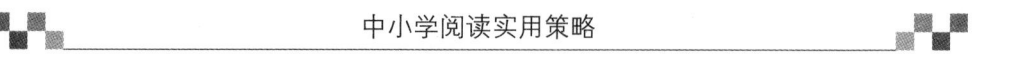

读着读着，我感觉长袜子皮皮不是一个孩子，更像是一个大人。她拥有足够的财富，可以满足孩子们的任何愿望；她拥有足够的力气，可以解决任何难题；她有足够的能力，总是能够化险为夷；她能想出各种办法让杜米和阿妮卡快乐；她可以让橡树洞长出汽水……杜米和阿妮卡是皮皮最好的玩伴，他们玩各种游戏都能获得来自皮皮的帮助。皮皮就像一个小大人一样，善于聆听孩子的心声，知道这些孩子最需要什么，然后她还会想尽办法满足他们的愿望。从霍屯督岛回来，因为错过了圣诞节，杜米和阿妮卡都没有得到圣诞礼物，很不开心，第二天，皮皮便送给了他们最想要的礼物，而这一切仿佛都是无意而为。总之，孩子们所有的愿望在皮皮这里都能够实现——获得玩具，进行惊险刺激的冒险，在必要的时候得到保护。从这个角度而言，我这个做父亲的都感到惭愧，皮皮更像一个称职的父亲。

读这本书的过程中，"彼得·潘""小淘气尼古拉""小王子"等形象不停地在我眼前闪过，我试图把他们与皮皮交叉或者重叠在一起，可是总是做不到。皮皮就是皮皮，她不是他们中的任何一个或者他们的集合。皮皮在大人眼里绝对是个淘气的孩子，可以说是对教育底线的终极挑战。她讨厌学校，也讨厌知识，她认为知识是没用的，她从不正面回答老师的问题，她甚至不为写不出"晕船"而感到难为情，她总是把"乘法"说成"剩法"，她还嘲笑小孩子没有去上学就会哭得死去活来。她爱说谎，说起什么来都会不着边际，以至于听她说话的人都不知所云；她不懂礼貌，去赴杜米家的咖啡宴的时候，把事情弄得一团糟，而她自己还觉得已经尽力了。我想，如果我是皮皮的家长，不到一天我就会疯掉；我若是皮皮的老师，一节课我也坚持不下来，我甚至会发誓不再做教师。

但是，皮皮究竟给孩子们带来了什么呢？除了刺激以外。

第三章 儿童小说的阅读

皮皮是善良的，皮皮是勇敢的，皮皮又是冒失的。看到皮皮，就让人想到人类的童年，皮皮应该是人类的孩子，是一个永远长不大的神话，她浓缩了人性的精华，她再现了人性的淳朴。每一个大人都是长大了的皮皮，大人是被社会规范禁锢的孩子。我想，皮皮才是真正的孩子，她是孩子真实的影子，是人类自由天性的结晶。

孩子喜欢幻想。他们总是在自己的想象中编织着各种形象，编织着各种故事，然而，在大人眼中，没有发生、没有看到的事实都是"假"的，于是孩子的很多想法就变成了"谎言"。于是，活在儿童世界中的孩子，在大人的"教导"中逐渐走向"真实"，走向真实的成人世界，走向肤浅的成人世界。

孩子喜欢自由。他们愿意自己去尝试，去探险，他们想用自己的方式去了解这个世界。然而，在大人们的不断告诫中，他们没有办法做自己想做的事情，丧失了探险的兴趣和勇气。孩子慢慢变乖了，但最宝贵的精神不在了。

孩子是喜欢学习的，但是学校里循规蹈矩的教学方式不一定适合所有的孩子，于是有一些孩子就没办法在学业上获得进步。慢慢地，他们讨厌学校，厌倦学习，而宁愿沉迷在游戏里。

孩子的字典中更多的是平等，他们会像喜欢爸爸妈妈一样去喜欢一只小鸡，就像皮皮对待她的"尼尔松先生"（小猴子）和那匹马那样。在孩子眼中，万事万物都是一样的，甚至都是有生命的，然而大人们总是弄出很多规矩，分出很多等级。

在孩子的眼中，成人的话语是不好懂的，是充满着"谎言"的。然而，在成人的权威下，孩子只好屈从，慢慢地，这个世界上真正的孩子就只剩下了长袜子皮皮，不管是杜米还是阿妮卡都变成了爸爸妈妈的乖宝宝，他们不愿意探险，也开始过上那种循规蹈矩的生活。

让所有的孩子都成为长袜子皮皮，这只能是一个梦想。但用我们的心去关注孩子的心，用我们的行为去影响孩子的行为，还是能够做到的。长袜子皮皮有一个很好的父亲，就是那个长袜子船长，他总是能够尊重皮皮的选择。其实，不管是父母还是老师，都应尊重孩子的选择，即使这种选择和自己的想法不一致，让大人们感到极其痛苦，但是，为了孩子的发展，需要这样做。

皮皮是一个自由的精灵，每一个孩子也都是精灵，他们需要爱，更需要自由！

【阅读小贴士】

在孩子眼中，万事万物都是一样的，甚至都是有生命的，然而大人们总是弄出很多规矩，分出很多等级。

不管是父母还是老师，都应尊重孩子的选择，即使这种选择和自己的想法不一致，让大人们感到极其痛苦，但是，为了孩子的发展，需要这样做。

皮皮是一个自由的精灵，每一个孩子也都是精灵，他们需要爱，更需要自由！

狡猾与智慧

——读《狐狸列那的故事》

读完《狐狸列那的故事》，才知道原来很多关于狐狸的恶名都来自这只叫列那的狐狸。选入小学课本的《狐狸与乌鸦》的故事，只是关于狐狸列那的一次小计谋的记载。这本书中还有很多故事，如列那把大灰狼捉弄得团团转，丢了火腿，丢了过冬的粮食，丢了半截尾巴，还差点儿丢了性命。森林里的所有动物都吃过列那的苦头，对列那恨之入骨，却又无计可施。这些故事读起来让人心惊肉跳，甚至产生畏惧感。列那除了对它的妻子和孩子们好以外，几乎所有的动物都要为它服务，被它捉弄。要是真的碰到一个像列那一样的人，该怎么办？这个念头一冒出来，我不禁打了个冷战。人类世界中还是没有列那为好！

列那确实做了很多坏事：它在乌鸦爸爸和乌鸦妈妈的注视下吃掉了一只小乌鸦；在它的授意下，它的孩子把它带回家的兔子兰穆吃掉了。但是就像列那自己申辩的那样，"小乌鸦是以为我死了，想吃掉我的舌头"，兔子兰穆竟然稀里糊涂地到了列那的老窝里。

列那的做法，肯定算不上智慧，充其量就是狡猾，因为它在利用别人的弱点的时候也是在满足自己的私欲。列那能一次次得逞，并不是因为它有多么聪明，而是因为那些被它欺骗的动物太糊涂。一开始，这些动物都知道列那的为人，都对它存有戒心。但是，当列那把诱人的借口抛出来的时候，这些动物就放下了戒心，竟然无一例外。列那的这些小伎俩，让它在森林里为所欲为。其实，列那是抓住了所有动物的弱点——贪婪、虚荣、自私。乌鸦为了展示自己所谓的美妙歌声，丢了奶酪；大灰狼为了攀上一个了不起的亲戚，让列那吃掉了家里所有过冬的粮食；狗熊勃朗为了蜂蜜被夹在树的裂缝里；猫咪狄贝为了吃到老鼠，听了列那的话，中了圈套，差点被人打死……

孩子们读这本书，一定会感觉很好玩，因为里面有很多刺激的故事超出了孩子们的想象，这能带给他们美好的阅读感受。读完这本书，我在想，这本书的意义是什么？是带给我们好玩的故事，是让我们更加了解狐狸的狡猾，我想，一部伟大的作品，它的意义绝不仅局限于此。

我们生活的这个世界，诱惑无所不在，很多人在骗子简单的设计之下乖乖地中了圈套，醒悟过来，为时已晚。骗子行骗之所以能得逞，就是抓住了人性的弱点。骗子的骗术其实很简单，但只要人有了贪心、有了欲望，就有了被骗的可能性。再狡猾的骗子面对一个智者，也是无能为力的。真正的智慧是心灵的明澈，无欲无求，不贪图小利益，不贪图意外之财。

一本经典故事书的意义绝不在于用故事来说教，而是要通过故事引导人们用心关注人心，教人们去探寻智慧的根源。发现自己，完善自己，就是一种人生智慧。

【阅读小贴士】

再狡猾的骗子面对一个智者，也是无能为力的。真正的智慧是心灵的明澈，无欲无求，不贪图小利益，不贪图意外之财。

自从人类有了一己私欲，骗和被骗就已经开始了。

生命的真相

——读《小淘气尼古拉的故事》

《小淘气尼古拉的故事》一共有5本，可以说本本精彩。读后不禁感叹，法国作家竟如此了得，把孩子的言行和心理刻画得活灵活现。读着尼古拉的故事，我仿佛看到一个天真的自己，让我想到了我的童年，相信很多读者都会有和我一样的感受——怎么尼古拉的有些做法、有些想法和我的童年如此相似？

作者完全是站在孩子的立场上创作故事的，通过讲他们的生活，他们的想法，他们眼中的大人，让读者感受到孩子的内心世界是怎样的。走进儿童的心灵世界是很难的，而作家戈西尼做到了。

这套书的写作很有意思，它就像一部摄像机在不断地转换镜头——尼古拉眼中的伙伴，尼古拉眼中的老师，尼古拉眼中的父母……

尼古拉的每一个伙伴都很有特点，比如，贪吃的亚三每次出场都在吃东西，而尼古拉每次都在用同样的话来介绍他的这位伙伴："亚三是我的伙伴，胖墩儿，老吃东西。"这样的语言不断在几本书中重复出现，而这种重复非但没有让人感到啰唆，反而每一次都会让人忍俊不禁。其他的伙伴也是各有特点，寥寥几笔，人物形象具体可感，如在眼前。

尼古拉的老师有班主任，还有督学沸汤先生，而这位督学的每一次出场都伴随着混乱的场面，可以说，他所到之处，总是像沸汤一样。

尼古拉眼中的父母有时会让他感到很奇怪，因为他们总是为了很小的一件事情吵架。在对待尼古拉养蝌蚪的事情上，父母一个反对，一个赞成，但最终还是父亲让步，陪着尼古拉把蝌蚪放回了池塘。父亲总是跟邻居贝杜先生发生点小问题，这些小问题让人看到了男人之间的那种互不相让的关系，有时甚至是斤斤计较的。尼古拉参加夏令营，看到父母眼中的恋恋不舍，他都快搞不清究竟是谁要去参加夏令营了。

尼古拉和亚三偷偷抽雪茄的故事，让我想到了自己。我在八九岁的时候，也曾偷偷拿了一支香烟到外面去吸，结果刚吸了一口就被呛得咳嗽不止，就像书中描绘的情景一样。虽然我现在基本上不吸烟，但是小时候还是对大人的世界充满了好奇的。其实，人有某种习惯不是纯粹的个人行为，有时是后天环境和社会因素造成的。比如，长大后吸烟和小时候因好奇而尝试吸烟就没有必然的联系。所以，作为教师和家长，发现类似问题的时候没有必要如临大敌，对孩子而言，尝试一次，他就不好奇了，一切也就成了过去。成长就是在不断的尝试中进行的，孩子不可能生活在真空里，摒弃外界一切影响因素，要想让他们学会生活，还需要融入生活之中。家长以宽容的心态对待孩子就是要给他们自己尝试、自己改正的机会。人生的道路上每个人都会做"傻事"，有些是可以避免的，有些是必然发生的，不必太紧张，坦然面对即可。

一个个让人发笑的故事，让人真切地感受到生活的真实，让人不禁感叹作家的伟大。但是，如果真的把这些还原为真实生活，又会是什么结果呢？如果我是尼古拉和他的伙伴的老师，我会怎样？如果我是尼古拉的父母，我会怎样？我想我也会像书中的父母和老师一样疲惫不堪的。为什么我们读的时候会发笑，而转变为现实会发怒呢？原因或许就在于读的时候我们是抱着宽容的态度来看待这些孩子的，我们会试着去理解他们，然后就可以轻易原谅他们。而在现实的世界中，真正地理解孩子、宽容孩子，尤其是顽童，却是很难的，一颗宽容的心是需要修炼的。每个人都有童年，也许我们的童年是不被宽容的，但是正因为如此，我们才不能去苛求孩子。孩子有时虽然顽皮，但是他们是善良的，他们能够以一颗真诚的心去对待成人，他们对待成人也总是抱以宽容的态度。

尼古拉的故事让我们看到了真实的生活，同时也让我们看到了生命的真相，人生不能重来，童年不可复制，成长不可代替，经历不可传递。让孩子经历真实的童年就是捍卫孩子的权益。真的感谢本书的创作者们，他们让我们看到了童年，让我们了解了孩子，更在无声中传递了一种信息——尊重孩子就是尊重生命，宽容孩子就是善待生命，发展孩子就是滋养生命。

【阅读小贴士】

成长就是在不断的尝试中进行的，孩子不可能生活在真空里，摒弃外界一切影响因素，要想让他们学会生活，还需要融入生活之中。家长以宽容的心态对待孩子就是要给他们自己尝试、自己改正的机会。

人生不能重来，童年不可复制，成长不可代替，经历不可传递。让孩子经历真实的童年就是捍卫孩子的权益。

尊重孩子就是尊重生命，宽容孩子就是善待生命，发展孩子就是滋养生命。

心灵的赛场

——读《风之王》

《风之王》是获得1949年纽伯瑞儿童文学金奖的一部作品，作者是美国作家玛格莉特·亨利。这本书的主角是一匹马和一个男孩。在书的封面上题写着这样的文字："学会忠诚与坚守，才华终能展现！送给所有想证明自己才华的孩子！"

这是一个关于成长的故事，更是一则人生的寓言。我们在享受故事带给我们的震撼的同时，就像在照一面镜子，透过这面镜子我们仿佛看到了自己，也仿佛看到了我们的心灵。

书中描写了一匹名为闪的阿拉伯马，它出生在皇家马厩。它出生后不久，母马就去世了，是失语者马童阿格巴用骆驼奶加蜂蜜把闪喂养大的。后来，闪被选中送给法国国王，结果没有被当成一匹好马，后来又辗转去了英国，在此期间它经历了很多磨难。但，是金子总会发光的。闪最后通过努力证明了它的确是一匹优秀的马，成了英国拥有最高贵和纯正血统的赛马品种。

和闪始终在一起成长的还有马童阿格巴。阿格巴和闪一起度过了所有的困难时光。闪被当作拉车的马，在冰天雪地中前行，阿格巴就跟在后面，我们可以想象他穿着单薄的衣衫在雪地中行走的艰辛；当车夫向闪施暴的时候，闪的痛苦就是阿格巴的痛苦；当柯先生出十五个金币把闪买下的时候，

第三章 儿童小说的阅读

阿格巴马上跑过去解救压在车下的闪；当他们被放逐在沼泽的时候，阿格巴陪着闪一起生活在荒无人烟的沼泽地里。

阿格巴在这些痛苦与磨难中长成了一个小伙子。当他和闪出现在新市皇家赛马场的时候，所有的人都为他们喝彩，这是让生命辉煌的舞台，但又有谁知道他们曾经经历了多少痛苦与磨难呢？那是用语言无法形容的。他们能在磨难中成长，是因为他们一直在坚持，从没有放弃自己的梦想。闪有着奔跑的天赋，但是都被它矮小的身体、高耸的颈脊掩盖了，人们不认为这样的马能够跑得快。面对这种不认可，他们只有用实际行动来证明自己的能力。他们没有放弃任何一次机会，或者说，他们一直在等待机会，并没有因为沉重的苦难而放弃。

这是一部充满温情的作品，这种温情主要来自阿格巴和闪之间的关爱。书中对阿格巴的正面描写很多，都是在写他的行动，因为他是一个失语者。阿格巴对闪的关爱就如同亲人一般，他用心地为闪做着一切事情，他为闪的命运担忧，他从不考虑自己。他能把闪的毛刷得整整齐齐，为了保护闪的脚，他在闪的蹄子里塞满泥巴，他把节约下来的东西给闪吃。阿格巴对闪的关爱不仅限于生活中的琐碎事情，他更关心闪作为血统高贵的马的前途，他保留它的血统证书，想用行动来证明闪奔跑的能力。

在阴冷的前进路上，总有一丝阳光射入。如果没有那些好心人，阿格巴和闪究竟是怎样的命运都难以预料。当闪出生的时候，马厩总管阿奇先生放下了举起的刀，使闪得以活下来；卖骆驼奶的阿拉伯商人无偿为闪提供骆驼奶，虽然是为着他的不可知的利益目的；收留他们的柯杰若和他的用人考太太对他们很好，考太太经常给他们好吃的，就因为考太太去看他，阿格巴才得以从监狱里出来；还有红狮客栈的老板、公爵夫人、伯爵先生……这些人对阿格巴的好就像阳光照在他的身上，给他以温情，给他以力量。

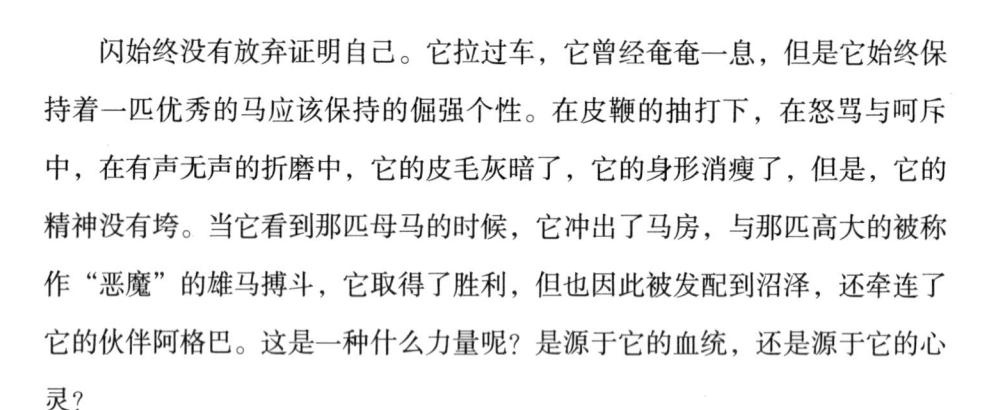

闪始终没有放弃证明自己。它拉过车，它曾经奄奄一息，但是它始终保持着一匹优秀的马应该保持的倔强个性。在皮鞭的抽打下，在怒骂与呵斥中，在有声无声的折磨中，它的皮毛灰暗了，它的身形消瘦了，但是，它的精神没有垮。当它看到那匹母马的时候，它冲出了马房，与那匹高大的被称作"恶魔"的雄马搏斗，它取得了胜利，但也因此被发配到沼泽，还牵连了它的伙伴阿格巴。这是一种什么力量呢？是源于它的血统，还是源于它的心灵？

阿格巴始终没有忘记自己的责任，无论是在怎样的情况下，他努力和闪在一起，尽自己所能为闪做事情。闪去世以后，他的使命也完成了，他立刻返回了摩洛哥。他的忠诚还不仅在于此，他牢记自己的责任就是证明闪是一匹优秀的马。他抓住一切机会，让闪去表现，甚至把自己本可以拥有的美好生活抛在了一边。

这是彼此的忠诚，也是对自己梦想的忠诚。忠诚不是等待，是为了梦想而追寻的脚步。

这本书给我们展示了一个赛场，让我们看到了一场又一场关于速度与耐力的比赛。确切地说，这更像是展现意志与坚持的比赛，这个赛场充满了竞争与矛盾，在坚持与放弃之间做出艰难的选择，就是心灵的比赛。在心灵的赛场上的输赢决定了命运的输赢。

永远不要放弃梦想，不论是在艰难之中还是在幸福之中，为了梦想，不要停下前进的脚步，比赛的过程就是在追逐梦想。在人生的赛场上，每个人都有机会成为"风之王"。

▲【阅读小贴士】

　　这是彼此的忠诚，也是对自己梦想的忠诚。忠诚不是等待，是为了梦想而追寻的脚步。

　　永远不要放弃梦想，不论是在艰难之中还是在幸福之中，为了梦想，不要停下前进的脚步，比赛的过程就是在追逐梦想。在人生的赛场上，每个人都有机会成为"风之王"。

神秘的怪兽

——读《尼瑙克山探险》

《尼瑙克山探险》是美国作家纳塔莉·巴比特的作品。这本书很薄，故事也不复杂。神秘的怪兽之吼是探险的起因。尼瑙克山是一座神秘的山，虽然曾经有人把它所在的迈墨斯山脉称作"鼹鼠丘"。尼瑙克山的神秘在于一千多年来，常年笼罩在山顶的云雾和下雨时从山上传出的怪兽吼叫。怪兽并没有给脚背村带来多大的不幸，反而让脚背村成了远近闻名的集市，赶集的人们都盼望着下雨，盼望能听到那既让人恐惧又让人兴奋的"尼瑙克山怪兽之吼"。

弄清怪兽底细的有两个人：一个是奥特叔叔，另一个是小男孩伊甘。他们都爬到山顶，看到了发出吼叫声的喷泉，伊甘还用石头堵住了喷泉的出口，致使怪兽的吼声停止了一会儿，后来石头被积聚的热气冲开。当人们找到伊甘的时候，伊甘迫不及待地说出怪兽吼叫的真相，但是所有的人都不相信他。这让我想起《皇帝的新装》，当一个小男孩说出国王什么也没穿的时候，所有在场的人都呼应了，大家都赞赏那个敢于说真话的男孩。可是在这个故事中，情况却完全相反，大家宁愿相信有一只令人恐惧的怪兽，也不愿意相信伊甘。这究竟是为什么呢？

书中有两段耐人寻味的话。"我一直想凡事探个究竟，做一个明白人，一个聪明的人，可是我也没有因为获得事实真相或真理而快活多

第三章 儿童小说的阅读

少。"这是奥特叔叔说的话,因为他一直在探究真相,但是在别人的眼里他是一个和大家不一样的人,是一个疯子,人们都在为他的执迷不悟而感到惋惜。那究竟谁更令人惋惜呢?一下子还真说不清楚。村民们不知道真相,但是生活得很快乐,奥特叔叔发现了真相,对他而言是满足的,但是他并没有因此而快乐起来,他宁愿一个人躲在山顶。这种孤独的生活是一般人不能忍受的。还有伊甘,他一遍遍地诉说真相,可是看着大人们漠然的反应,他只能慢慢地思考。在回家前,伊甘依然在思考"为什么大家都不相信事情的真相"这个问题,安森叔叔对伊甘说了一番话:"我觉得,无论是有怪兽还是没有怪兽,都没什么大不了的。关键是你自己愿不愿意相信有怪兽这么一回事。只要你已经说服了自己有或是没有,就不会再被周围发生的事情所动摇了。"是啊,有没有怪兽对现实的生活没有多大影响,重要的是内心要平和。内心的矛盾冲突才会使人不得安宁,比住在山上的怪兽更难驱除。

世界是什么样的,不在于它表现出什么,而在于我们看到了它的哪些表现。每个人看到的世界,其实就是他自己内心的反映。真相是什么?除了用眼睛能够看到的,还有用心能够体会到的,在内心认可的。比如,霍金在《时间简史》中提出了科学的论断,但是后来他又修正了自己的观点。再如,有一种说法是美国第一任总统华盛顿死于放血疗法,那时候医术顶尖的医生一致认为,把人体内的血放出去一部分,能够治疗疾病,结果有很多人在治疗过程中死亡。这种疗法在现在看来无异于谋杀,但是在当时就是合法的并且是合情合理的。

"世界上最宽阔的东西是海洋,比海洋更宽阔的是天空,比天空更宽阔的是人的心灵。"人的心灵很大,可以囊括宇宙万物,有时候又很小,盛不下一点陈芝麻烂谷子的小事。人的念头就像一只怪兽,当你没有动念头的时候，怪兽是关在笼子里的，安安静静的，但只要动了某种念头，比如说想吃一样东西，比如说想买某一本书，那怪兽就会冲出牢笼，左突右冲，直到有所安顿，或者是得到满足，或者是被撞得头破血流，它才会安静下来。从这种角度来说，人的心灵不就是变幻无穷的神秘怪兽吗！

▲【阅读小贴士】

世界是什么样的，不在于它表现出什么，而在于我们看到了它的哪些表现。每个人看到的世界，其实就是他自己内心的反映。

有家的感觉真好

——读《木偶的森林》

《木偶的森林》是作家王一梅的一部作品,我读了不止一遍。读完这本书,印在心底的是两个字——回家。

此时,我正独自一人坐在异乡车站的长椅上,等待回家的列车。刚刚挂断儿子打来的问候电话,他问我这两天怎么样,听着他稚嫩的声音时我还没有什么感觉,挂断电话,家便在我心中无限地放大。我这才知道,起初我只是读了这本书,但并没有读懂。有段时间我甚至固执地认为,我的作家朋友又在谈论一个尽人皆知的话题,那就是人与自然应该和谐相处。我一直抱持着这个观点。直至今日,机缘巧合,我才觉得自己懂了。

森林是木偶的家。为了家,木偶人罗里哀求过,痛苦过,伤心过,冰冷过,残忍过……然而他终究在善良的指引下,回到了自己的家。小熊白黑黑回家了,与爸爸妈妈在一起;兔子阿德回家了,与兔子小姐在一起;木偶人罗里回家了,与他的树墩在一起……狮子毛毛、大象班班都已经拥有了家,为了这个家,它们宁愿忘记过去,因为他们就在家中。

城市是现代人的家。在这个布满钢筋水泥的丛林里,现代人只有奔波和忙碌。忙碌的人们就如同是被某种魔法控制着,从早晨起床直到晚上休息一直忙碌,就好像已经有人为自己设定了程序,只能按规定的程序行事,如同没有自由的木偶一般。"我从没想过自己有妈妈。"这是被施了

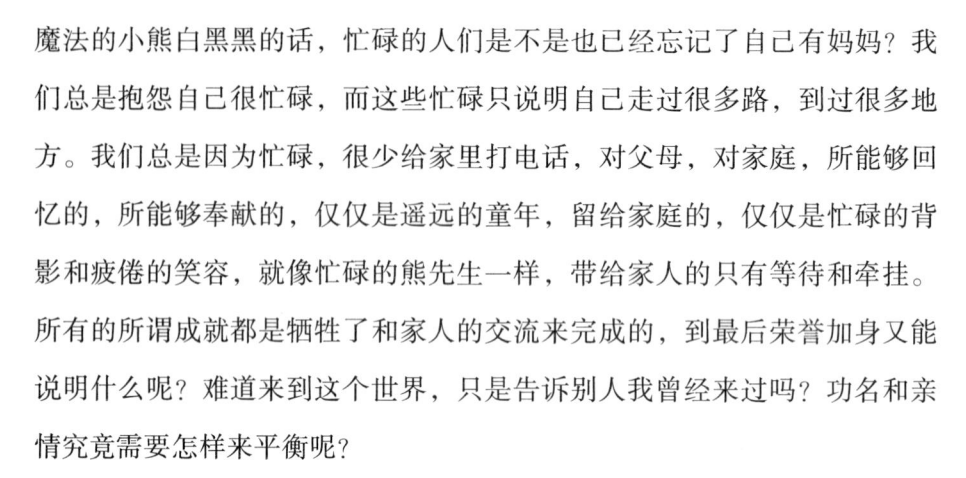

魔法的小熊白黑黑的话，忙碌的人们是不是也已经忘记了自己有妈妈？我们总是抱怨自己很忙碌，而这些忙碌只说明自己走过很多路，到过很多地方。我们总是因为忙碌，很少给家里打电话，对父母，对家庭，所能够回忆的，所能够奉献的，仅仅是遥远的童年，留给家庭的，仅仅是忙碌的背影和疲倦的笑容，就像忙碌的熊先生一样，带给家人的只有等待和牵挂。所有的所谓成就都是牺牲了和家人的交流来完成的，到最后荣誉加身又能说明什么呢？难道来到这个世界，只是告诉别人我曾经来过吗？功名和亲情究竟需要怎样来平衡呢？

小熊白黑黑曾经说过："舞台就是我的家。"现在的我们是不是也在重复着"工作的场所就是我的家"。人类的家园在哪里？城市还是乡村？人类的精神寄托在哪里？除了工作和忙碌，除了奔波和劳苦，除了休闲和漫步，除了吃饭和跳舞，人们还能做些什么？爱心被贪婪淹没，善良被物欲填充。善良的人类曾经诗意地栖居在大地上，而今天，人们已经找不到回家的路，已经忘记了过去的美好和满足。木偶人罗里返回了森林，它感觉自己还是一棵树，忙碌的人们返回自然，也会发现自己是一个人。

我的作家朋友在用她的童话故事给现代忙碌的人们一个温馨的提示：不能因为生活的忙碌而忽略对家的眷注，不能因为别人的错误而让所有的同类走上歧途。她在用一个故事表现她对现实生活的一种态度，她在呼唤：让善良、责任、爱心在人们的心中永驻！

童话的结局是美好的，因为所有的人都找到了家。而现实是那样的柔软，又是那样的顽固，生活的惯性让我们看不清眼前的迷雾，我们为什么而高兴？我们为什么而痛苦？除了工作和活着，究竟还有什么能留给自己？

作者给了我们一个没有答案的答案。不管你身在何处，不管你是否幸福，只要心中有家，你就会找到它，感受它，亲近它。家在每个人最柔软的地方——内心。在忙碌的时候，不要忘记时常抚摸那块地方，那块容易让我们感动、让我们想念、让我们流泪的地方。

给自己一个家，在这个家中可以任意而为，在这个家中可以低吟轻唱。给心灵一个家，就像把马儿放在牧场，让心灵安静地徜徉在家的牧场，让心灵飞过现代都市，飞过满目繁华，静静地在家的怀抱中躺一躺。

有家的感觉真好！

▲【阅读小贴士】

忙碌的人们就如同是被某种魔法控制着，从早晨起床直到晚上休息一直忙碌，就好像已经有人为自己设定了程序，只能按规定的程序行事，如同没有自由的木偶一般。

不能因为生活的忙碌而忽略对家的眷注，不能因为别人的错误而让所有的同类走上歧途。

家在每个人最柔软的地方——内心。在忙碌的时候，不要忘记时常抚摸那块地方，那块容易让我们感动、让我们想念、让我们流泪的地方。

品尝生活的滋味

——读《出走的泰奥》

《出走的泰奥》是德国作家彼特·赫尔特林的作品。这本书的结局虽然是令人高兴的——出走的泰奥回到了家中,过上了和原来一样的生活,但是整本书留给读者的感觉却并不是那么轻松,总有一丝隐隐的沉重堆积在心头,怎么也拿不掉,就像这本书的扉页上泰奥的眼神。他的眼睛注视着远方,也注视着读者,更注视着一个成人的世界,那目光把我们看得找不到方向。

泰奥出走,是因为家中的父母吵闹;父母吵闹,是因为那些永远也推不掉的社会压力,永远也发不完的火气。泰奥感到没有温暖,泰奥觉得无法倾诉,因为大人们让他做的都是大人们希望他做的。他总是被忽视,总是被要求,总是被指责,所以泰奥出走了。虽然经历了"一夜惊魂",虽然经历了"科隆风雨",但是,家中丝毫未改变的状况让他选择了第二次出走。泰奥出走都遇到了什么人呢?遇到一个让他依恋的吱吱老爸,一个让他觉得可靠的司机凯玛尔,几个能和他同吃同玩的孩子,很坏很坏的杰克和他的两个团伙成员,还有一个变态狂。这些并不是作者的故意安排,这个世界总是好坏并存的,不会只有坏人没有好人,也不会只有好人没有坏人。

能够看透泰奥心思的吱吱老爸是泰奥最依恋的一个人,也是他第二次离

第三章 儿童小说的阅读

家出走的原因。吱吱老爸能够给泰奥什么呢？吱吱老爸没有金钱，没有舒适的家，也没有像样的衣服，能给泰奥的只有平等。吱吱老爸会付给泰奥辛苦费，看出他是离家出走却没有点破真相，像对待一个大人一样对待泰奥，这样的尊重让泰奥相信吱吱老爸。可是，泰奥的爸爸为什么做不到这一点呢？他的妈妈似乎也不行。是他们不够爱他吗？不是的。是因为爸爸妈妈一直把他当成小孩子，所以在很多事情上就无法做到真正的尊重。给所有的爸爸妈妈提了个醒，孩子不管有多大，都应该像对待一个大人一样对待他们。听他们讲话，听他们唱歌，也听他们哭泣，听完不必问为什么。孩子需要的是被尊重，而不需要刨根问底的调查。这本书里还有一个人做得不错，就是瘦瘦高高的罗塔尔，他好像什么都不知道，但是他知道如何跟孩子打交道，这一点让泰奥接受了他。

"葡萄酒并不全是甜的，生活尤其是这样。"这是吱吱老爸对泰奥说的，也是作者对所有的读者说的。生活不是按照一个人的喜好来设计的，处在社会中的每个人都需要面对自己的"不喜欢"。孩子们在不喜欢的时候，总是噘噘嘴，打打滚；男人们在不喜欢的时候，总是喝喝酒，发发火；女人们在不喜欢的时候，总是发牢骚，掉眼泪。这就是生活，生活给我们酸的葡萄酒，也允许我们在喝下酸的葡萄酒的时候，表示我们的不满。

孩子有孩子的世界，大人有大人的世界，这两个世界本来就是一个世界，需要大人和孩子相互理解。大人应该关注孩子噘起的小嘴，孩子也应该看到大人无奈的眼神。只有大人和孩子相互包容、相互理解，这个世界才能够真正地充满快乐，那些让人不喜欢的事情才会随风散去。

不用出走表达自己的不满，不用反抗表示自己的成长，用坦白的态度、用自己的语言告诉大人我要什么、我喜欢什么。

当爸爸对你吼叫"像个正常人，不许油头滑脑"的时候，爸爸其实是在说，把你的聪明用在正当的地方；当妈妈数落你"这样下去，没人会把你当回事"的时候，妈妈其实是想说，你长大了，应该学会控制自己的语言和行动了。大人的声音也需要孩子用心去倾听，因为在这个世界上，没有父母不爱自己的孩子。相信这一点，孩子们就会发现，其实爸爸妈妈不发火的时候是可爱的，发火的时候也是可爱的，因为他们心中装着的不是自己，而是孩子。

相信父母，相信家庭，相信自己，和父母一起享受来之不易的人间真情。

▲【阅读小贴士】

孩子不管有多大，都应该像对待一个大人一样对待他们。听他们讲话，听他们唱歌，也听他们哭泣，听完不必问为什么。孩子需要的是被尊重，而不需要刨根问底的调查。

这就是生活，生活给我们酸的葡萄酒，也允许我们在喝下酸的葡萄酒的时候，表示我们的不满。

不用出走表达自己的不满，不用反抗表示自己的成长，用坦白的态度、用自己的语言告诉大人我要什么、我喜欢什么。

大人的声音也需要孩子用心去倾听，因为在这个世界上，没有父母不爱自己的孩子。相信这一点，孩子们就会发现，其实爸爸妈妈不发火的时候是可爱的，发火的时候也是可爱的，因为他们心中装着的不是自己，而是孩子。

蓝色的生命之歌

——读《蓝色的海豚岛》

　　《蓝色的海豚岛》是美国作家斯·奥台尔的作品。这是一本专门写给孩子的书，但对大人同样充满着吸引力。因为这本书的每一个角落都弥漫着一种情怀，一种人类特有的情怀。

　　这本书我是一口气读完的，因为太吸引人了。这本书讲了印第安小姑娘卡拉娜在海豚岛生活18年的故事。

　　故事是离奇的，但每一步又在情理之中，让我们的心随着故事的发展而起伏。整个族群的迁移，是因为生存受到了掠夺者的威胁；卡拉娜留下来，是因为她的弟弟拉莫不在船上；卡拉娜变成孤零零一个人，是因为6岁的弟弟拉莫在和野狗的战斗中英勇牺牲了。最后，这个地方只剩下了卡拉娜一个人，她要独自面对所有的问题。她要有食物，就必须打猎，所以她要学习制造武器；她要抵御风暴，所以她要为自己建造房屋；为了离开这个地方，她要想办法为自己造一条独木舟……但最难面对的不是各种各样的困难，而是漫无边际的孤独，所以卡拉娜有了那只叫朗图的狗。

　　看完以后，我心中充满了对卡拉娜的敬佩，因为她靠自己的勇敢和智慧活了下来，我也为卡拉娜最后离开海豚岛而长舒了一口气。这个故事对我的吸引力还在什么地方呢？还有什么让我的心加剧跳动呢？又是什么让我有好多次想要流泪呢？我又一次拿起书，从头读起，结果我读出了卡拉娜的多重意义。

　　第一点，卡拉娜与亲人。卡拉娜崇拜她的父亲，了解父亲任何举动的含义，可见她是多么爱她的父亲。她喜欢自己的姐姐，知道姐姐需要什么。她疼爱自己的弟弟，在大船即将驶离海岛的时候，她毅然跳下船，回去找弟弟，不管大船是否会等她。当弟弟一个人决定出去的时候，她像一位母亲一样思考："我吓坏了。我想到所有可能降临在他头上的危险……想到这些危险，我立即动身去追赶。在小路上没走多远，我就疑惑起来，我不让拉莫自己到峭壁上去，究竟是否应该。谁也说不好船什么时候回来接我们。在没来接以前，就我们两个在岛上生活。因此，跟大伙儿生活在一起时不同，我处处都要他的帮助，他应该早早成人才是。"这就是特定情境中卡拉娜这个12岁的小女孩的思考，她在大家刚刚离去的时候已经在思考未来。这其中充满了对弟弟拉莫的爱，充满了对拉莫成为一个勇敢的战士的期待。后来，拉莫被野狗咬死了，他死得很英勇，他杀死了两条野狗。卡拉娜很悲伤，她发誓要把野狗杀尽，为此还不分昼夜制作武器。

　　第二点，卡拉娜与先人。卡拉娜在无意中闯进了先人的石窟，洞里有20多个芦苇塑像，"塑像中间，坐着一个骷髅，它盘腿倚壁而坐，手指拿着一管鹈鹕骨做的笛子，举在嘴边"。这就是卡拉娜族人的祖先，他不知何时来到这个孤零零的小岛，他带给了整个族群生命，而他自己已经在这里坐了不知多少年。多少次艰难跋涉，多少次与苦难的斗争，都变成了不可知的往事，而他依然保持着一种悠闲的坐姿，吹奏着他自己的乐曲，仿佛在向他的后辈暗示着什么。是啊，无论多么艰难，人都应该悠然地面对。虽然卡拉娜没有读懂先人的昭示，这些塑像也让卡拉娜感到害怕，但也足以给她力量。一个人以怎样的姿态生活在这个世界上，他就会有什么样的生活。卡拉娜的生活其实是和先人的指引完全融合的，她用她的行动证明了她是优秀的。

第三点，卡拉娜与敌人。应该说，卡拉娜所有的苦难都来自那些"敌人"，那些掠夺者——阿留申人。他们杀死了她的父亲，他们逼走了她的族群，他们让她一直心存恐惧。然而，当有一天，一个阿留申女人走进她的世界，她们却很快成了朋友，建立了纯洁的友谊。她们彼此欣赏，互赠礼物，用互相听不懂的语言亲热地交流，她们分别时是那么难舍难分……敌人变成朋友，需要的是什么呢？是彼此的不伤害。没有伤害就没有对立，这个阿留申女人喜欢这个孤岛上的女孩，这个女孩也喜欢她。两个人都是寂寞的，在这个荒岛上，她们把彼此看作自己心灵的依托。

第四点，卡拉娜与动物。这本书写到很多动物——狗、海豚、海狮、狐狸……卡拉娜与这些动物有斗争，也有友情。"海象间的战斗""我驯服了朗图""朗图的尊严之战""驯养蜂鸟""勇捕大章鱼""喂养小海獭""朗图永远地离开了我"，这些都是主要写动物的章节。最让人感动的是"喂养小海獭"这一章中，卡拉娜用鱼喂养海獭，使海獭从不信任她到依赖她，即使是小海獭做了母亲，还记得她，并且把孩子带来跟她一起玩耍。这里描写的人与动物之间的感情让我们动容，心中那些最柔软的感觉都被唤醒了，让我们愿意去亲近这些动物，因为我们同样是生命，同样具有感情，虽然我们不属于同一个族群。最让人矛盾的是在"我驯服了朗图"这一章。朗图曾经带领其他野狗杀死了卡拉娜的弟弟拉莫，但后来却成了卡拉娜的助手和朋友。这里面没有敌我矛盾，朗图心中有着对人类的"忠诚"，所以当卡拉娜把它救活以后，它始终跟在卡拉娜身边，直至死去。

第五点，卡拉娜与自己。除了阿留申人来捕猎的日子以外，卡拉娜都是一个人生活在这个岛上。她时刻在与自己对话，她没有直接告诉自己要坚强，而总是在用实际行动去解决问题：怎样制作武器，怎样建造房屋，怎样躲避敌人，怎样好好生存……她没有抱怨任何人，包括恶劣的天气和令人恐惧的海啸。也许人类的祖先就是像卡拉娜这样生活的，他们不会抱怨自然的不公平，他们总是通过让自己变得强大去改变自己生活的世界。

虽然卡拉娜生存下来了，但是她失去了很多——亲人、友情、群体的生活……是什么让她失去这一切的呢？是那些人对海獭的捕猎以及那些掠夺者的贪得无厌。血水染红了大海，对海獭的世界而言是多么残酷的现实，它们曾经是那么快乐地生活在属于它们的区域。如果海獭也能记录历史的话，它们会怎样记述自己的历史？对人类又有怎样的记忆？经历过多次惨痛的教训以后，海獭已经在每年的这个时候开始了迁徙，它们已经知道如何应对人类的掠夺。人是自然中的一员，大自然中还有许许多多的种族存在，本书作者试图用这种特殊的方式告诉我们——人类应该怎样在这个生物家族中生存。

如果弟弟没有死去，如果族群不迁移，如果掠夺者不入侵……卡拉娜不会变成这样一个人。但是这一切还是发生了。为什么会不可避免地发生呢？整个岛为什么要以"海豚岛"来命名呢？卡拉娜后来会怎么样呢？她能不能与白人世界中的人很好地相处呢？还有很多问题出现在我的脑海中，让我不停地问自己。相信每个人看了，都会提出不同的问题。

这本书是一曲生命之歌，一曲冷峻的生命之歌，歌颂的不仅是卡拉娜，还有海獭、海象等一切生物。这首歌应该时常唱起，以便唤起我们心中最初的生命的记忆。

▲【阅读小贴士】

一个人以怎样的姿态生活在这个世界上，他就会有什么样的生活。

也许人类的祖先就是像卡拉娜这样生活的，他们不会抱怨自然的不公平，他们总是通过让自己变得强大去改变自己生活的世界。

奇妙的精神之旅

——读《爱德华的奇妙之旅》

《爱德华的奇妙之旅》是美国作家凯特·迪卡米洛的作品，文中插图的作者是美国的巴格拉姆·伊巴图林。这本书是图文结合的典范之作，美妙的旅程，美妙的文字，美妙的插图，读者可以随着这本书进行一次美妙的精神之旅。

看着这本书，也许会让你想起《苦儿流浪记》《汤姆·索亚历险记》，在心中把这几本书的主人公进行比较。

爱德华的旅程就是他的成长历程。书中多次提到爱德华的心，爱德华是一只用瓷料制成的小兔子，在它的体内并没有一颗真正的心，它曾经以极端的冷漠对待深沉的爱恋，而在被扔入大海的那一刻，它慢慢有了一些感觉，后来经历了很多事情，一直到最后它才懂得了如何去爱。现在的孩子生活在优越的环境中，享受着来自亲人的无微不至的关怀，而很多孩子把这些都当作天经地义的，对亲人的爱没有丝毫感激之情，甚至以冷漠对待亲人的关怀。如果我们没有一颗感恩的心，认为周围的一切都是专为自己设计的，别人关爱我们都是理所当然的，那就大错特错了。父母养育孩子，对父母而言是责任，对孩子而言是恩惠，不能因为天下的父母都爱孩子，孩子就觉得受之无愧。也许作者创作的初衷就是用爱德华来暗示这一点，但是其内涵和意义要比这一点更丰富，更深刻。

爱德华在失去了爱以后，才知道爱不是生来就有的，爱不是无缘无故的。它在被爱和不断被遗弃中，感受着人间的冷暖。可以说，一次次的离别，有时甚至是生离死别，让爱德华体验到被爱是幸福的，没人爱是孤独的。一只瓷兔子尚且有这种感觉，我们就更应该能感受到。但是，我们不能等被遗弃、经历痛苦的分别后才明白这种感觉，在这之前，我们就应该知道爱的珍贵。

爱德华即便明白了爱，它的爱也是被动的，因为它认为自己不能动，在爱别人的时候自己却无所作为，无能为力。确实，它不能动，它甚至脆弱到一碰就碎。这多么像一个孩子啊！孩子小的时候，就是脆弱的。父母尽心照顾孩子就是为了帮助孩子健康成长，可是因为照顾得太多，保护得太好，孩子没有经历该经历的事情，所以有的孩子长大了依然脆弱，就像一个一碰就碎的瓷娃娃。但长大了的孩子就不能再把自己当作瓷娃娃，即使父母因为爱而依然关怀着自己。爱德华应该勇敢起来，虽然它最后已经有了变化，但它还是没有主动去爱。一个人不能只是接受爱，享受爱，而应该主动去爱，爱父母，爱身边的人。爱是需要行动的，而不是纸上谈兵。

书中有很多富有爱心的人，当然也有几个特殊的、没有爱心的人。他们是谁呢？有不爱任何人最终变成疣猪的公主，有把爱德华扔进垃圾桶的洛莉，有把爱德华踢出车厢的列车员，有把爱德华钉在木桩上的老太太，有那个只知道自己喝酒甚至放弃了自己生病的女儿的父亲，还有酒馆的老板，那个用刀子威胁布赖斯、把爱德华摔碎的高大的男人。这些人就是既没有爱也不会爱的人，这些人代表了现实生活中的一些人。作者通过这些人的言行敲打着读者的心灵。

这本书的插图很有特色。每一幅画面都很美，而且值得我们去细致地欣赏。观察一下他们的神情，他们的眼睛，你会觉得这些人就在我们身边，好

第三章 儿童小说的阅读

像是我们熟悉的人。注意一下爱德华的眼睛，它的眼睛黑得很空洞，里面看不出有任何的内容和感情，但到后面，你会感觉到爱德华的眼睛中逐渐有了内容、有了光彩。

让我印象最深的三幅画面：渔夫劳伦斯和妻子内莉欣赏爱德华；萨拉·鲁思抱着爱德华听布赖斯吹口琴；布赖斯去玩具店看爱德华的背影。第一幅图让我感觉到爱德华的幸福，因为它终于被解救了，而且两位老人都很喜欢它，这从他们的眼神就可以看出来。后两幅图让我的心紧缩在一起，甚至落泪了。鲁思那么喜欢爱德华，然而她的生命已经不能再延续，爱她的哥哥也没办法挽留她，爱对死亡而言也是无能为力的，这个金发小女孩的命运牵动了我的心。只是在那一刻，她抱着爱德华的那一刻，听着哥哥吹口琴的那一刻，她感觉到了被爱的幸福。当看着温暖的阳光把玩具店照亮的时候，看着"高大"的玩具修理商和"矮小"的布赖斯，看着他手里紧紧抓住的口琴，我感受到了男孩的无奈，因为他已经没有权利拥有爱德华了。

再看看书前和书后的两幅图，前面的那张图中阿比林在给爱德华的怀表上弦，最后面的一幅图只是一块显示着三点整的怀表。这一前一后是不是也蕴含着什么呢？在开始的时候爱德华还不懂得爱，它的爱还需要被唤醒，还需要动力，而到了旅行结束的时候，它已经懂得爱了，可以自己远行了。看着这些比文字更丰富的画面，感受到画家在表达着更多、更复杂的情感。好好看看每一幅图，能读出更多。

"心一次又一次破碎，生命在破碎中继续。一定要穿越那黑暗，穿破深重的黑暗，勇往直前。"

▲【阅读小贴士】

　　我们不能等被遗弃、经历痛苦的分别后才明白这种感觉，在这之前，我们就应该知道爱的珍贵。

　　一个人不能只是接受爱，享受爱，而应该主动去爱，爱父母，爱身边的人。爱是需要行动的，而不是纸上谈兵。

沉甸甸的荣誉

——读《今天我是升旗手》

《今天我是升旗手》讲述的是男孩肖晓的一段人生经历。肖晓像所有男孩一样对荣誉有着天生的向往。他曾经为了当上学校的升旗手而去做好事，可是他的愿望总是不能实现。不过这并没有打消肖晓成为升旗手的热望，最后他终于成了一名出色的升旗手。

肖晓是当代男孩的一个理想化的代表。为了能像军人一样生活，肖晓迷恋各种武器装备模型；为了能像天安门前的升旗手一样升旗，肖晓独自一人跑到北京；为了给山区的男孩怀娃以心灵的慰藉，肖晓用一双新旅游鞋换了一只刚出生不久的小狗；为了当上学校的升旗手，肖晓付出了很多努力……肖晓很有男子汉气概，他的执着、冷静、大度给人留下了深刻的印象。整本书中洋溢着一种积极向上的力量，我仿佛和肖晓一起经历了心灵的成长，为肖晓最后终于成为升旗手感到欣慰和自豪。

荣誉在男孩心中是至高无上的，他们会为了荣誉而付出一切努力。作家从孩子的角度为我们展示了孩子的内心世界。成人眼中的世界和孩子眼中的世界有着太多的区别，教师、家长能够理解孩子，但是不一定能读懂孩子，在他们眼中，孩子的有些行为是怪异的，是不可理解的。

怎样才能走进孩子的世界？怎样才能让孩子为了荣誉而奋斗？肖晓不喜欢别人的帮助，很多时候都是自己想办法完成心愿。这也许和他的生活经历有关,他从小失去了母亲,也就失去了被宠爱的机会,他的父亲是一名军人,并且常以军人的标准要求他。所以在肖晓身上更多体现出一种独立精神,他把自己看成一个独立的、不依附父母而存在的人,他要为目标而努力。

对肖晓而言,荣誉是什么呢?荣誉就是一种尊严。要让孩子有尊严地活着,首先要让孩子知道什么是尊严。躺在父母的臂弯里,沉浸在父母的成就里,依赖着家庭的优越与富足,凭借着父母的地位和权力,这样的生活就是没有尊严的生活。活得有尊严,就是要用自己的智慧与双手创造属于自己的生活。现在的社会、家庭对孩子有着太多的庇护,很多孩子迷迷糊糊地就走上了父母为自己设计的道路。孩子没有机会经历自我奋斗,怎么可能具有自我奋斗的能力?当他们有一天需要用到自己的能力时,他们会发现,他们已经在父母的"圈养"中、在家人的庇护中学会了懒惰,学会了逃避,学会了不负责任,而丧失了生存的能力。有句老话说:"穷人的孩子早当家。"其实,并不是因为穷孩子才有了当家的能力,而是因为穷人家的孩子需要自己面对生活,在艰难的生活中学会生存的能力。

教育不是要培养行动上的"矮子",所以无论是家长还是教师,都应该帮助孩子学会承担责任,让他们通过自己的奋斗完成自己的事。好学生林茜茜面对"升旗手"这个称号时的冷漠,让人不寒而栗。没有了生活热情的孩子是很悲哀的,其前途也是堪忧的。孩子对生活的热情是在被剥夺了思考的权利和自由行动的权利以后慢慢丧失的。生活方式已经被家长设计好了,当努力也是徒劳以后,孩子就学会了听命与服从。

教育是开发孩子潜能、培养孩子生活热情的事业,这需要教育者齐心协力,相信孩子能够通过自己的思考解决问题,能够用自己的方式处理生活中的问题。要让孩子学会感动,在获得荣誉的时候能够感受到那份重量,能够为之激动,能够受到鼓舞。

为荣誉而战就是追求有尊严的生活,愿所有的男孩都能像肖晓那样,勇敢、执着、自信、坚强……

▲【阅读小贴士】

荣誉在男孩心中是至高无上的,他们会为了荣誉而付出一切努力。

要让孩子有尊严地活着,首先要让孩子知道什么是尊严。

教育不是要培养行动上的"矮子",所以无论是家长还是教师,都应该帮助孩子学会承担责任,让他们通过自己的奋斗完成自己的事。

孩子对生活的热情是在被剥夺了思考的权利和自由行动的权利以后慢慢丧失的。

成长的代价

——读《我要做好孩子》

《我要做好孩子》写的是一个名叫金玲的女孩的成长故事。成长应该是快乐的,然而读了这本书后,我的心隐隐作痛。一个本应该天真可爱的女孩,却在考试和生活的夹缝中求生存,为了大人的目标不断克服种种困难,只为了实现做一个"好孩子"的梦想。

现代孩子的成长包含了太多的无奈,他们的生活是被学校、家长对待考试的态度决定的。为了孩子能拿到重点中学、重点大学的入场券,教师、家长不得不以大量的、重复的练习残忍地剥夺孩子的一切,包括天性。那些稚气未脱的孩子,自己也在这种无奈中拼命地练习着,为了试卷上能有个好分数而不懈地努力着。分数和名次就是孩子生活的"晴雨表",美好的心情、快乐的生活都来自高分数,否则就只有暗无天日的生活。孩子们在抗争,但是他们的呼喊总是被冰冷的考试和分数所淹没。究竟怎样才能让孩子学得轻松、活得快乐、充实呢?这是一个困扰很多人的话题,现在还没有答案。到目前为止,还有很多孩子生活在这样的社会为他们设定的生活里,而且会有更多的孩子不断进入这样的生活中。孩子从幼儿园进入另一个截然不同的学习世界,他们面对的将不是温柔可亲的家长、循循善诱的教师,因为教师和家长要为他们的前途负责,就必须关注他们的考试成绩。生活在考试里的童年是单调乏味的童年。

孩子总归是孩子，他们生活在一个他们无法改变的世界里，但是他们的大度、他们的创造性又令大人们钦佩。他们会寻找一切机会放松，他们会原谅教师和家长的无情，他们愿意靠自己的努力去换得好成绩，去换得教师、家长的笑脸、温情。因此，每一个孩子心底都有成为一个"好孩子"的美好愿望。只是，这个"好孩子"的标准不是他们自己设定的，而是家长在孩子出生以前就设定的。

作家黄蓓佳展示在读者面前的是一个沉重的话题，一个富有爱心、善良、具有责任感的、成绩不是很好的孩子，我们应该怎样评判他？应该怎样对待他？这个话题让人左右为难。书中的小主人公金玲能够帮助那个无助的小女孩幸幸，能够为了一些蚕宝宝而满大街找桑叶……这让我们看到金玲那颗善良的心灵。

没有约束的教育不是最好的教育，没有引导的教育也不是最好的教育。"人之初，性本善。"孩子在他成长的路途上已经具备了先天的美好品德——善良、爱心、责任、信心、勇气……然而，随着家长关注焦点的变化，孩子也在悄然发生变化。很多家长都有一句"名言"："只要你学习好就行了，家里其他事情你什么都不用管！"和孩子交流最多的是："今天考试了吗？""作业写完了吗？"这样的交流单调而缺乏情感。每个家长都关注孩子的成绩，很多家长是在用自己受教育时的方式教育着自己的孩子，但是"吃得苦中苦，方为人上人"的古训我们理解得太狭隘了。孩子不管学习多紧张，都不应该忘记自己对家庭、对社会的责任。很多家长认为，孩子长大了自然会承担，但成长是一个人的人生经历，没有经历就不会留下切肤的体验，就不会在头脑中形成意识，就不能转化为平时的行为习惯。一个从小没有责任意识的孩子将来怎么会负责任？总能看到媒体报道，某大学生因生活不能自理而休学，某研究生跳楼……这样的信息太多了，这不是孩子的错，是家长没有让孩子在该承担的时候学会承担，在该分享的时候学会分享。

人不能超越一个时代，因为每个人都要受到社会制度、经济发展、科技进步等因素的制约，不可能独立于时代之外而存在。每个人的成长都是要付出代价的，人不可能跨越成长的过程而长大。在当下的社会中一味地埋怨肯定会让孩子失去很多机会，而一味地盲从又会让孩子失去个性。一个合格的家长，应该懂得在情感上给孩子更多的关注，让孩子获得源自家庭的信赖与支持，从而具有不断前进的信心和勇气。作为家庭成员的孩子要从事力所能及的劳动，从劳动中体会生活乐趣，体会社会责任，体会与人分享。

【阅读小贴士】

每一个孩子心底都有成为一个"好孩子"的美好愿望。

没有约束的教育不是最好的教育，没有引导的教育也不是最好的教育。

成长是一个人的人生经历，没有经历就不会留下切肤的体验，就不会在头脑中形成意识，就不能转化为平时的行为习惯。一个从小没有责任意识的孩子将来怎么会负责任？

每个人的成长都是要付出代价的，人不可能跨越成长的过程而长大。

第三章 儿童小说的阅读

心与心的距离

——读《一百条裙子》

读完埃莉诺·埃斯特斯的《一百条裙子》，不知道是该高兴，还是该难过。

旺达是穷人家的孩子，经常受到同学的嘲笑。当她说出家里有一百条裙子的时候，同学们对她的嘲笑更是像潮水一样涌来，简直可以把她淹没。后来，旺达离开了这所学校。所有嘲笑她的人从老师的口中得知，旺达真的拥有一百条比现实的裙子更漂亮的裙子。曾经嘲笑过旺达的两个女孩还得到了其中的两条裙子，旺达原谅了她们……故事就这样结束了，确实是一个美好的结局。但是这个结局却怎么也让人高兴不起来。这个故事带给我们的究竟是什么呢？

旺达是个爱美的女孩，同其他女孩没有什么区别。但是，贫穷让她无法拥有别的女孩可以拥有的美丽衣衫，她穿的永远是一条洗得发白但很干净的蓝裙子。可以想象到，旺达总是晚上洗了，第二天早上穿上，有时甚至没干透，天凉的时候很可能还是冷冷的。没办法，她所能做到的就是把自己现实中的这一条裙子洗干净。这样的生活该是多么压抑啊！但是，旺达并没有放弃追求美丽的权利，她把自己对美的渴望倾注在自己的创作中，她画了一百条裙子，准确地说，是设计了一百条裙子，无论是款式还是色彩都不重复。这些裙子就是旺达的梦想，她的想象力和她的创造力在画裙子的时候被集中展示了出来，这说明旺达是一个很有艺术天分的孩子。在她的眼里，艺术的真实就是现实，所以当她第一次坚定地说出她有一百条裙子的时候，她没有意识到自己是在"说谎"，而是抑制不住内心的激动。旺达把对生活的美好向往转变成另一种现实，将来她可能会成为一位优秀的服装设计师。

其实，答案似乎又不是那么简单，旺达的做法和旺达被人误解让我们想到更多。旺达坚定地认为她拥有的裙子是真实的，而她的那些同学不这样认为。旺达的同学自以为对旺达十分了解，她们很自信地认为旺达没有一百条裙子，也不可能有一百条裙子。这就是真相与人心，不是她们看不到真相，而是她们的心让她们无法看到真相，因为她们的心被蒙蔽了，她们太习惯于用自己的眼睛看问题了，没有想到还可以有另一种形式的拥有，那种拥有同样是真实的，是可以穿的裙子以外的真实。一百条裙子，是一个与常人思维不同的概念，传递出来的不仅有对嘲笑的漠视，更有思维方式的不同。

熟悉与了解，其实很难说成是真正地知道。我们眼睛看到的慢慢地被转化成了一种习惯，这种习惯让我们活在自我的世界中，后来看到的往往就是以前看到的影子，或者说是内心的反映，习惯就这样成了一种生活方式。被习惯了的生活方式遮盖以后，就容易用所谓的规律去推断事实，于是这个世界上就多了一次次误读，多了一次次误解，多了一些无法沟通，多了一些不可理喻……这就是心与心之间的距离，一颗心不能知道另一颗心，却自以为全部知道了。父母和教师对孩子往往都会有这种先入为主、经验先行的现象。

人与人可以生活在相同的外在世界中，但是永远不可能拥有相同的内心世界。只有静静地聆听，默默地注视，才有希望看到另一个人的内心世界。教师作为教育工作者，是应该用心灵倾听孩子心声的人。但是教师往往做不到，教师比较容易按照自己的习惯来做事情，比较喜欢根据自己的经验去

第三章 儿童小说的阅读

做出判断，比较愿意按照自己的价值观念对事情进行评价。每个孩子都是不一样的，甚至同一个孩子在不同的时间、不同的环境也是不一样的。教师如果只是抱持着自己的经验，而不去观察和了解孩子，那么就永远无法走近孩子。教师和孩子可能在同样的时间生活在同一间教室内，但是却不能保证生活在同一个世界中，因为孩子心中有一个更加广阔、更加美好的世界，就像旺达笔下美丽多彩的一百条裙子一样。面对孩子，只有用心倾听，用心呵护，才能看到更多属于孩子的奇妙的世界。

教师怎样才能具备看得清孩子的慧眼呢？我觉得没有必要刻意去看教育学、心理学的书籍，教师可以多阅读一些优秀的儿童文学作品。如果一个教师能够读完100本经典的儿童文学作品，就可以算是了解孩子了。我们不能等像旺达这样的孩子画完了一百条裙子才去了解她，而应该在她开始说拥有一百条裙子的时候，就去读懂她，鼓励她，支持她。

一颗心离另一颗心越近，人与人之间的距离才会越小。每个孩子都自成一个世界，教师只有放下自己的世界，才能看到更多美好的世界。教师应该主动去了解孩子，亲近孩子，让心与心之间没有距离。

▲【阅读小贴士】

人与人可以生活在相同的外在世界中，但是永远不可能拥有相同的内心世界。只有静静地聆听，默默地注视，才有希望看到另一个人的内心世界。

一颗心离另一颗心越近，人与人之间的距离才会越小。每个孩子都自成一个世界，教师只有放下自己的世界，才能看到更多美好的世界。

心中的世界

——读《兰心的秘密》

《兰心的秘密》是德国著名儿童文学作家米切尔·恩德的作品,这本书中有两个故事:一个是《兰心的秘密》,另一个是《月圆夜的传说》。看这本书,让我们不得不注意到恩德的智慧,也让我们不得不注意到书中美丽的插画。这本书的插画为书的内容增添了不少色彩,那美丽的画与美妙的故事交相辉映,给读者以美的享受。

《兰心的秘密》讲述了小女孩兰心的故事。兰心不希望爸爸妈妈总是不听自己的意见,就从魔法师那里求来方糖给爸爸妈妈吃了下去,结果爸爸妈妈只要不听她的话,身材就会缩小一半。缩小后的爸爸妈妈遇到了许多问题,甚至差点被一只黑猫吃掉。兰心的生活因为没有爸爸妈妈的照顾,变得一塌糊涂,最后她选择了自己吃下方糖,从此变得听话。故事到此并没有结束,"哪个正常孩子不跟爸爸妈妈顶几句嘴的",兰心的言听计从让她的爸爸妈妈很苦恼。最后,一家人终于破除了魔法,又愉快地生活在一起了。

这个故事在现实生活中肯定不会发生,但是似乎又可以找到现实的影子。父母要求孩子听话,孩子不愿意被父母控制,生活中就有了很多小冲突。作者就是向我们展现一个这样的场景,让我们走进一个被颠覆了的生活情境。孩子说什么父母就听什么,父母就变成了"小矮人",不是形体上的"矮",而是人格和精神上的"矮"。"矮化"的父母对孩子的成长是"无

第三章 儿童小说的阅读

能为力"的,这就会让孩子变得恐惧,变得无助,无法在社会中找到自己的位置。如果父母真的变得言听计从,那孩子也会不知所措,得到的也不是满足,而是空虚。兰心变得听话以后,父母都以为她病了,因为每一个正常的孩子都有自己的想法,这些想法不一定和父母的一致。当孩子不能表达自己的想法的时候,父母也会感到恐惧,因为没有思想的孩子是最令人担忧的,这时的"听话"就成了一种病态,一种危险的信号。

作者用这样一个看似简单的故事,教给孩子要尊重父母,教给父母要聆听孩子的心声。尊重不是放任,但也不是控制,这是这个故事最主要的思想。如果所有的家庭中,父母和孩子都能够相互理解,相互信任,相互尊重,那孩子就能够健康快乐地成长。

"无论如何,你现在就得拿定主意,一旦时间一过,一切就无法更改了。事情一旦发生,就不可能挽回,只有听之任之了。生活中常有这样的事。"这是仙女在告诫兰心时说的话,想想这句话确实很有哲理。孩子的成长是有规律的,教育要把握契机,错过了某个阶段就难以挽回,在错误的路上走得越远就越难挽回。因此,不管是大人还是孩子,当意识到自己的问题的时候,要及时纠正。故事中的兰心做出了很好的表率。

这个世界在每个人眼中都是不一样的,这个世界是什么样的不在于世界表现了什么,而在于我们看到了世界的哪种表现,世界往往是我们内心的反映。

【阅读小贴士】

孩子说什么父母就听什么,父母就变成了"小矮人",不是形体上的"矮",而是人格和精神上的"矮"。"矮化"的父母对孩子的成长是"无能为力"的。每一个正常的孩子都有自己的想法,这些想法不一定和父母的一致。没有思想的孩子是最令人担忧的，这时的"听话"就成了一种病态，一种危险的信号。

孩子的成长是有规律的，教育要把握契机，错过了某个阶段就难以挽回，在错误的路上走得越远就越难挽回。

每个人都有灵魂，每个人都要为自己的灵魂负责，人生应该保持内心的宁静。

这个世界在每个人眼中都是不一样的，这个世界是什么样的不在于世界表现了什么，而在于我们看到了世界的哪种表现，世界往往是我们内心的反映。

生命中不得不想的真实哲理

——读《毛毛》

《毛毛》这部作品出自我喜欢的德国作家米切尔·恩德之手，他的作品还有《犟龟》等。米切尔·恩德总是在讲故事的同时，试图揭示一些哲理，这些哲理不是深不可测的，而是你能感觉到哲理的存在，但是你又不能一下子说清楚，或者从某一方面说清楚。而这种既有感觉却又无法清晰表达出来的心情就是我读《毛毛》的感受。所以我曾经数次动笔，但又不得不停下来，因为我虽然钟爱这部作品，却始终无法表达出自己的所感、所得。

现在我在安静的无人打扰的房间内敲击着键盘，又一次试图把我内心的感受用文字表达出来。

《毛毛》的封面和书脊上都写着一行字——"时间窃贼和一个小女孩的不可思议的故事"。这个小女孩就是毛毛，"时间窃贼"是一群戴着灰帽、身着灰衣的人，书中称作灰先生。主题已经非常明显了，这本书讲的是和时间有关的故事。人人都知道时间比金钱更重要，那作者又是怎样给我们讲这个关于时间的故事的呢？

这本书分为三部分：第一部，毛毛和她的朋友们；第二部，灰先生；第三部，时间花。

毛毛是个怎样的小女孩呢？"她个子很小，又十分瘦弱，使人无论如何也不能判定她究竟是九岁，还是十一二岁。她的头发乱蓬蓬的，是沥青般的黑色卷发，乍一看，好像她从未梳过头，头发也从来没有剪过似的；她的眼睛很大，很美丽，也是乌黑乌黑的；脚也是黑的，因为她几乎总是赤着脚，只有到了冬天才偶尔穿上鞋。那两只鞋也不是一双，对她来说也显得很大。此外，除了她捡来的破烂和人家送给她的东西之外，毛毛就一无所有了。她的裙子是用五颜六色的布块缝起来的，很长，一直拖到脚后跟。外面套着一件肥大的男夹克，袖口向上面挽了好几圈。"这就是这本书的主人公，一个与众不同而又令人不想靠近的小女孩。作者为什么要这样来描述这个小女孩呢？因为不寻常的故事就要有不寻常的主人公吗？这个得靠读者自己来判断了。

再来看看毛毛的家。"在野草丛生的露天剧场舞台下边，有两间半倒塌的小屋，人可以从墙上的小洞口钻进去。毛毛就在这里安了家。"毛毛的家就在这里，这样奇异的住处，说明她肯定是个奇异的人。在这样的住处生活的人，对生活还有什么渴求呢？她连自己的长相、衣服、住处都不挑剔。书中已经说了，"毛毛不想把袖子剪短，因为她已经想到了自己会长大。是呀，谁知道她长大以后还能不能找到一件这样漂亮、又有那么多兜的很实用的夹克呢！"

毛毛重视什么？她重视友情，她有很多朋友，她的存在给朋友们带来了美好和快乐，她也因此而快乐、美好地生活着。

然而，这一切随着灰先生的到来改变了。灰先生让所有的人对时间都斤斤计较，让所有的人拼命用时间去赚取自己想要的东西，他让人们的欲望不断膨胀。人们开始放弃了聚会，淡忘了亲情，遗忘了友情，所有人都生活在时间的传送带上而无法停止。

毛毛茫然了，为了帮助所有的人，也为了帮助自己，毛毛毅然和一群灰先生展开了斗争。经过艰苦的努力，毛毛终于把被灰先生掠夺的时间释放了

第三章 儿童小说的阅读

出来。开始人们的时间都不够用，后来大家都有用不完的时间，这就是毛毛和灰先生斗争的结果。

"在大城市里，人们看到了很久以来没有看到的景象：孩子们又在大街中心游戏，不得不等待的汽车司机微笑着看孩子们玩耍，有的司机甚至下车和孩子们一起玩。到处都有人在亲切地交谈，详细地询问对方的健康状况。去上班的人也有闲暇，站在窗前赏花喂鸟。医生现在有时间详细地询问每一个病人的病情，工人们能安心并精益求精地工作，因为现在重要的并不在于非要在尽可能短的时间里完成尽可能多的工作了。每个人都可以根据实际的需要来使用时间，从现在起，人们的时间又都富足有余了。"

看到这里，相信任何一个居住在大城市里的现代人都会停下来思考，每天的忙碌究竟是为了什么？急匆匆地把身边所有的事情都忽略了，在繁忙的工作中，忘记了游戏，忘记了交谈，忘记了相互温暖。在"宅男""剩女"日渐增多的社会里，人们忘记了人与人之间还需要沟通交流。大家都躲在自己的壳子里，忙碌着，叹息着，觉得每一天都是匆忙的，以为匆忙就是充实，而不知道这是虚假的充实，因为人的内心还存在于那充满灵性的肉体之中，它没有随着机器时代的到来而变为机器，它没有因为网络时代的到来而变成符号，它每时每刻都在那里极其真实地跳动着，拥有这颗心的人往往忽视了它的跳动，忽视了它的渴望。

"当毛毛和老贝波回到老圆形露天剧场时，她的朋友们已经在那儿等候他们了……毛毛曾经认真地倾听他们述说自己的心事。然后，他们就兴高采烈地庆祝起来，又唱又跳，那样开心，只有他们懂得这是怎样的节日。庆祝活动持续了很久，直到繁星布满天空。"这一切美好的画面已经只能出现在书中了，在现实生活中人们的这种聚会越来越少了，快乐也就越来越少了。物质的富足让人体会到的并不是精神的满足，那种守着贫穷而充实的生活也许是米切尔·恩德想要的。

这本书中似乎到处都充满了哲理，希望每个读者都能以自己的生活经验去感悟这些哲理。

▲【阅读小贴士】

大家都躲在自己的壳子里，忙碌着，叹息着，觉得每一天都是匆忙的，以为匆忙就是充实，而不知道这是虚假的充实，因为人的内心还存在于那充满灵性的肉体之中，它没有随着机器时代的到来而变为机器，它没有因为网络时代的到来而变成符号，它每时每刻都在那里极其真实地跳动着，拥有这颗心的人往往忽视了它的跳动，忽视了它的渴望。

心向光明

——读《光草》

读完《光草》这本薄薄的书，我沉默了很久。周围的一切似乎都变得失去了意义，不是空洞，而是什么都没有的空白。

我努力想给自己此刻的情绪下个定义，是伤感，还是对死亡的恐惧？是欣慰，还是对一个生命个体摆脱病痛的释然？是对我自己当下心绪的莫名的对应，还是超然事外的冷眼旁观？

在这本书中我读出了死亡，也读出了生命力与想象力、想象力与创造力之间的关系。但是我觉得，一直支持我读下去的是角色之间的交流。

书中出现的是两个大男人和一个小男孩，这是一般书中不会有的人物结构。因为在现实中不可能没有母爱的支撑，两个大男人是支撑不了一个完整的情感世界的。而这本书的作者就是用两个大男人支撑了一个小男孩的世界。其中的女人，就是那些从头至尾没有说一句话的女佣，这些女人在书中只负责做好家务。还有一个一闪而过的管家，请来画家萨库玛以后，他就再也没有出现过。

先来说说萨库玛和马杜勒，我读到一半的时候还分不清谁是谁，但这并没有妨碍我渐入佳境。一个陌生的大人，一个陌生的孩子，两个人一见如故，先是下棋、聊天，然后就是绘画，最后是一个人为了另一个人的想法而绘画。这是我认为的最好的大人与孩子的沟通方式。萨库玛作为一名画家，他有高超的画艺，但是在为这个单纯的孩子画出理想世界的时候，他必须把自己所有的绘画技术都忘记，就像书中写的，他的脑中一片空白。等他扔掉自己所有的绘画技术和马杜勒倾心交谈的时候，当他就睡在马杜勒床边的毯子上的时候，当他按照马杜勒的想法，把一个点每天画成一艘海盗船，直到大得画不下的时候，当他把马杜勒想象中的"光草"用一种特殊的材料变得能发光的时候……他和马杜勒实现了心灵的交流，他们相互懂得，他们互相成就。他一次次在外面散步，就是在想尽办法忘记自己，从周围的环境获得生命的灵感，以期能够接近马杜勒的想象。他做到了，虽做得很辛苦，但也很幸福。当他所有的胡子都变白的时候，马杜勒去世了，但是他给了马杜勒有光彩的生命，马杜勒的生命也点亮了他的生命，让他有勇气放下世俗的生活，到面朝大海的地方去"隐居"。在那里，他的心中总有生命的花在开。这让我看到了教育，教育不是技术，是顺应生命天性的点燃。画家和孩子更像教师和学生，画家在此扮演了一个非常出色的教师形象，所有的教师都应该以他为榜样。

　　第二个大男人是一位父亲，名字叫葛努安。他就像一座靠山，拥有权力、金钱、地位、威严和教养。他对儿子有着无限的疼惜，为他做一切能够做到的事情，就像所有伟大的父亲一样。但是，他和作为教师身份出现的画家又是不一样的，第一，他要负责衣食住行；第二，他要负责带孩子看病；第三，他要为了孩子不断地和画家进行沟通。他是一位好父亲，因为在书中他几乎没有进行过正面说教，儿子健康的时候，他就是听听他的想法，看看他的成果，以支持的话语与神情回应；当儿子病重的时候，他就做儿子的靠垫，在儿子面前不焦虑、不急躁……对儿子与画家，他很少干涉，一切按照他们的想法进行，他只是远远地关注着，当他判定画家完全可以和儿子交流的时候，他就安心地去做一位父亲，而不是教师。

第三章 儿童小说的阅读

本书作者罗伯托·普密尼毕业于教育系，曾经做过中学教师。我想，这样的教师、这样的父亲也是他心中的理想之所在。

点亮这本书的还有俯拾皆是的比喻，让我们看到了语言的魅力，看到了心灵的亮光。"我本应当个好主人，让你今晚好好儿休息，明天早上再来打扰你。但焦虑在我心中翻腾不已，我想要请你帮忙的事，就像一匹年轻力壮的马，让我片刻不得安宁。而你的答案就是牧草，如果我不喂它，我想它会在我胸口奔腾一整夜的。"这是马杜勒的父亲和画家第一次见面时说的话。听到这话，不难知道，这是一位有智慧的父亲。

心存光明不是看淡了生死，而是在活着的时候以"光草"的姿态点亮自己，照亮世界。

▲【阅读小贴士】

他几乎没有进行过正面说教，儿子健康的时候，他就是听听他的想法，看看他的成果，以支持的话语与神情回应；当儿子病重的时候，他就做儿子的靠垫，在儿子面前不焦虑、不急躁……

心存光明不是看淡了生死，而是在活着的时候以"光草"的姿态点亮自己，照亮世界。

打开生命的盒子

——读《克拉拉的箱子》

读着《克拉拉的箱子》,感觉就是在不同的生命中穿越,准确地说,就是在体验不同的生命状态。

克拉拉——身患绝症的女教师;茱莉亚——一个未出生即逝去的生命;胡伯特——一个希望自己死后变成松鼠的人;弗莉达——一个把死亡看得很淡的老太太……甚至还有丢在草丛中的洋娃娃等那些存在于孩子眼中的生命。

某天下午,读到《克拉拉的箱子》中的某一段时,我忽然想到,终将有一天我会和这个世界说再见,从那以后,我在这个世界上所经历的一切将无人知晓,无人提起……我黯然神伤了一个下午,并且那段时间一想到死亡,浑身都是无力的。我开始认真地思考生死,后来,是身体的潜意识让我能够面对了,因为我不能一直那样消沉下去。我最终没有看透生死,但我再次想到这个问题的时候已不再那么恐惧,因为我潜意识里让自己变得麻木,强迫自己不再去想这个敏感的问题。但终究,我是认真想过自己的生死的。

《克拉拉的箱子》是以"死亡"为主线的,书中的人与事皆与死亡有关,但我不认为它就是一部写"死亡"的书。在书中,我看到的更多的是生命的不同状态。从胎死腹中的"婴儿"到罹患绝症的中年教师,再到摔断臂骨的老人，再到正在下葬的人，这是在用死亡证明生命的多样性。人生有太多的形态，但是，无论怎样都要面对。所以，我看到的是生命的存在，只要打开生命的盒子，就是展开生命的篇章。"每一个生命都是一段传奇"，如果无人能懂，就自己珍藏；如果可以张扬，也要明白它无非是一段旅程。

未经过思考的生命就像未经窖藏的薄酒，是很轻的，虽然可以潇洒从容、云淡风轻；未经过设计的人生就像未经打磨的钻石，是很拙的，虽然可以韬光养晦、抱残守缺。

此书虽然以"克拉拉的箱子"为题，但是，克拉拉老师也只是书中的一个角色，贯穿整个故事的是一个叫朱利的上四年级的男孩。

朱利的父母已经离异，而母亲每天总是大声讲话，非常强势，造成的结果就是朱利不敢表露自己的情感，也不敢发表自己的见解，即使在非常善解人意的克拉拉老师面前也是如此。

作者以朱利的视角，把家人、同学、老师、陌生人等都装在一个关于生命的话题里。因为朱利想的就是克拉拉老师的病，想的就是克拉拉老师的生命终结点。所以，在他的眼里、心里，一切都跟生命有关。

生命的多样性，不同的性格就是不同的生命状态——易怒而爱表现的卡蒂亚，相信奇迹的艾莲娜……

生命的奇迹——那个蹬着滑板车钻进汽车底部却只是受了轻伤的少年。

生命的意外——只能投在影像上的茱莉亚，埋在墓地里的年轻夫妇。

生命的无奈，活着的无奈——摔断臂骨的外公希望早日"上西天"，克拉拉老师面对病痛的折磨，朱利妈妈对失去茱莉亚的自责……

死亡，不过是生命的一种状态，是生命旅程中的一个"节点"。如果你相信，一个生命在死亡的时候就是最终结束了，那这个点就是"结点"；如果你相信生命结束后可以以其他生命形式存活，就像书中说的人的生命终结以后可以变成小松鼠等，那这个点就是"接点"，这个点连接了其他的生命形态；如果你相信，死亡是步入天堂、走入极乐世界的开始，那么它就是"借点"，借了人这个生命形态，走向更高的生命形式……

然而，无论如何，从作为人类的生命个体所能感受的幸福和痛苦的角度而言，人类生命就是一段历程。在这段历程中，内心的反应与外在的联系要达到平衡。

说了太多的生命，其实应该回到教室，因为这还是一部关于教师和学生、家长和孩子的书。

教室里充满着笑声，是因为这间教室中有一位智慧的克拉拉老师，她能看透学生的心思。这个看透不是看到，是用心感悟到，她了解他们，他们也了解她。这就是一间和谐的教室。学生虽然只有四年级，当他们知道老师患了绝症以后，不只是停止了吵闹，还用自己的方式去想方设法延长老师的生命。

读书的好处，就是能够通过虚拟的故事情节体验不同的人生，这是另一种生命体验。有时候，读书就像做梦，书已经放下了，情绪还在书中，亦真亦幻，也是一种生命状态。

生命落地的那一刻，生命的盒子就已经开启，是一个定了时的闹钟，还是一条未经设计的路径，都不得而知。但是，只要开启了，就要走动，不管走多远，不管走多久，每一段都需要用阅读来思考，用实践去创造，这样生命才可向内走心，向外留痕。

第三章 儿童小说的阅读

▲【阅读小贴士】

未经过思考的生命就像未经窖藏的薄酒，是很轻的，虽然可以潇洒从容、云淡风轻；未经过设计的人生就像未经打磨的钻石，是很拙的，虽然可以韬光养晦、抱残守缺。

无论如何，从作为人类的生命个体所能感受的幸福和痛苦的角度而言，人类生命就是一段历程。在这段历程中，内心的反应与外在的联系要达到平衡。

生命落地的那一刻，生命的盒子就已经开启，是一个定了时的闹钟，还是一条未经设计的路径，都不得而知。但是，只要开启了，就要走动，不管走多远，不管走多久，每一段都需要用阅读来思考，用实践去创造，这样生命才可向内走心，向外留痕。

用自己的方式改变生活
——读《人鸦》

《人鸦》是奥地利女作家埃迪特·施莱伯尔–维克的作品,是她的"乌鸦系列"的代表作。这本书讲的是男孩瑞夏德因为好奇变成了一只乌鸦,经历了一些事情后,又变回了人的故事。乌鸦瑞夏德做了很多其他乌鸦不敢做的事情,他知道"稻草人"不是真的人,带领乌鸦们吃田地里的新鲜谷粒;他用自己作为人的智慧以乌鸦的方式救了鸦群的大头领罗高;他向狐狸进攻,救了一个小矮人……瑞夏德因为变成乌鸦,而知道了很多人类世界不能明白的道理。经历了无数次冒险之后,他又走上了一条回归自我之路,最终运用智慧变回了从前的样子。

这本书共有九章,每一章都充满了神奇的想象。"彩乌鸦传奇"向人们讲述了乌鸦是怎么变成黑色的;"高原神秘夜"讲述了来自远古的鸟人与鸦群会面的情景;"小矮人的节日"呈现了神奇的矮人世界。通过作者的讲述,好像这一切真实发生过。相信这一切对孩子来说都充满着吸引。

这本书带给人美妙的感觉的同时,也提醒人们要更好地认识和关注现实生活。每个人都渴望尝试一种截然不同的生活,每个人都厌倦现实的平凡生活。作者就是根据人们心理,进行了超出寻常的创造,让一个厌倦了学校生活的男孩变成了一只乌鸦。一个在人看来无足轻重的乌鸦世界,同样要有礼貌,同样要有规则,同样要付出劳动,同样要处理人际关系,同样要面对很

第三章 儿童小说的阅读

多不可预见的危险……这是作者在有意识地呈现给我们的主题。无论是在一个怎样的世界里，人都要用自己的努力获得社会的认可。智慧和情感是一个人立足于当下生活最重要的因素。我们的现实生活就是最好的生活，就是彩色的生活，只是随着时间的推移，随着习以为常的惯性，我们的眼睛被蒙蔽了，生活也就变得没有了颜色。拥有一双善于发现美好的眼睛，拥有善于感受的心灵，生活就会富有色彩和变化。珍惜当下的生活，用心灵的力量营造不同的生活。

瑞夏德虽然变成了一只乌鸦，可是他始终没有忘记自己曾经是人类。作为鸦中的人、人中的鸦，在鸦群中，他以乌鸦的身份存在，却用人的思想在行动。他为了保存作为人的记忆，始终不忘练习那首古怪的咒语；为了保持自己的记忆，他不辞辛苦地去找雌乌鸦鲁娜。瑞夏德生活在鸦群中，却始终保持着人的尊严与礼貌，并始终保持着孩子纯真、善良的天性，他飞遍整个树林，帮助母鹿找到小鹿；他想办法把不慎从巢中跌落的雏鸟送回鸟巢……这样的写法，透过不同的视角，反射出人类自身的可爱与可敬之处，让我们看到了人类自身存在的价值和意义。

作者还从另一个视角来透视现代文明带给人类的忧患：环境污染，人类对自然的肆意掠夺与扩张……作者抱持着一种朴素的观点，通过乌鸦和鸟人向人类提出一些思考的命题。乌鸦"搜索者洛阿"说："人类为自己发明了许许多多多余的东西，而最重要的东西却忘记了。人是愚蠢的。""迄今为止，人类只不过找到了大秘密中的小部分。可是他们把这称为'发明'，然而对于大秘密来说，他们的知识少得可怜，而且在没有对掌握的知识融会贯通的情况下去胡乱发明，只会带来危险。"这样的语句揭示的不正是现代工业发展给人类带来的生存危机吗？人类有了各种各样的发明，这些发明带来便利的同时，也带来了环境污染问题，如全球变暖，北极的冰都已经开始融化……工业发展已经成为一把"双刃剑",这把剑伤到了自然,也同时危害到人类自身。作者是因此就悲观了吗?没有。

"人类是什么呢?他们是一个人,加一个人,再加一个人……谁改变了自己,谁就改变了世界。"这是来自远古的鸟人给瑞夏德的忠告。谁改变了自己,谁就改变了世界,每一个人都可以从自身做起。谁改变了自己的观念,谁就会改变自己的世界,拥有一个与原来不同的世界,就像书中的瑞夏德。如果每一个人都能做好自己该做的事情,那世界就会有所改变。由此看来,改变世界的责任还在于人类自身。

作者是从人和鸦的角度来审视人类自身的存在的,可以看出作者作为人的矛盾,同时,也用这样的矛盾引导孩子去思考自身的存在,去发现人类本身的优势和不足。

▲【阅读小贴士】

无论是在一个怎样的世界里,人都要用自己的努力获得社会的认可。智慧和情感是一个人立足于当下生活最重要的因素。

拥有一双善于发现美好的眼睛,拥有善于感受的心灵,生活就会富有色彩和变化。珍惜当下的生活,用心灵的力量营造不同的生活。

谁改变了自己,谁就改变了世界,每一个人都可以从自身做起。谁改变了自己的观念,谁就会改变自己的世界,拥有一个与原来不同的世界。

黑暗中的一束光

——读《浪漫鼠德佩罗》

《浪漫鼠德佩罗》在我的书架上放了半年,我竟然没有翻开它。在一个无聊的早上,我带着困意,翻开了这本书,来看一个关于一只小老鼠、一位公主、一些汤和一轴线的故事。我竟然一口气把它读完了,心也被书中的光芒照亮了。有时,我们的心就像包裹着蚌壳一样,在温暖的光的轻抚下,会慢慢地打开,让那束光照进来,照亮我们心中最柔软的地方。这种美妙的时刻,不能用语言来形容。我之所以迟迟没有在众多的书中拿起这本,是因为在我看来,"浪漫"的故事是靠不住的,更何况还是一只老鼠。就因为这偏见,我才这样晚地接收到这照彻心灵的光。

整个故事写得很巧妙,也很自然,就像一个人在你的耳边轻轻地诉说,不,是娓娓道来,让你深陷故事之中,而又能时刻关注到自己的存在。我就像一个痴迷的孩子,等着故事一幕幕地推演。故事开始,作者就提醒我们不要对故事的结局有太多的期待。所以就更有了一种好奇,一种深深的期待。

故事中的人物不多,对一部小说而言,可以说已经达到了最简化。而人物之间又有着复杂的联系,并且还连接得那么巧妙,让人不得不感叹作者的奇思妙想。

这是一个关于爱与背叛的故事

德佩罗很不幸，一出生就没有人喜欢他的样子，即使是他的母亲，爱梳妆打扮胜过爱德佩罗。父亲敲响了"审判"德佩罗的鼓，哥哥把他押送到地牢门口，母亲虽然在德佩罗被押赴刑场前"晕倒"，但是这晕倒只不过是一次恰到好处的表演。德佩罗爱着他的家人，但是当他遇到困难的时候，他们选择了放弃他而换得自己的平安。

米格的父亲以换取很少的东西卖掉了米格，而米格把公主引入了地牢；老鼠齐亚罗斯库洛因为没有得到公主的爱，而实施疯狂的报复；老鼠博缔塞里时常玩弄一个金质的小盒子，这是他的"战利品"，是他骗取犯人的信任以后掠夺来的，这样的事情他做了很多，让那些犯人认为他"爱"他们，然而他的目的却是让他们受罪。

读着这样的故事，不免叫人心痛。爱究竟是什么呢？为什么本来深沉的爱，有了"利"与"害"的时候就变得面目全非了呢？这是不是人生的真相呢？

这是一个关于世界黑暗的故事

故事中爱的扭曲似乎又不是个人所能控制的。德佩罗长得不像其他那些老鼠，看上去已经是一个异类。他不爱啃书，却爱看书。他竟然为了听音乐与人类的国王和公主坐在一起。老鼠们对待这样的异类，唯一想做的就是除掉他，以免他给整个部族带来灾难。

老鼠们生活在阴暗的地牢里，他们之中曾经也有想寻求光明的（就是那个后来想害公主的齐亚罗斯库洛)，但是这是不被允许的，因此老鼠们的心理必须是阴暗的。因为王后的去世，国王颁布禁止喝汤的命令，把所有勺子、锅都收起来，堆在地牢里；米格的父亲把米格卖掉……

这就是秩序带给人们的困扰，这就是极端社会化的危害，所有的人、所有的事都纳入社会的体系之中，不能有丝毫的紊乱，否则这个社会就会产生"异动"。需要改变的不是"异类"本身，而是那些能够看到"异类"的眼睛，是让"异类"合理地存在还是绞杀，体现了这个社会是否宽容。

这是一个关于爱与拯救的故事

德佩罗在老鼠的群体中没有得到认可，但是豌豆公主却在见到他的第一刻对他微笑，这种微笑让德佩罗尝到被爱的滋味，心灵不再孤独。德佩罗去地牢需要那轴红线，司线老鼠霍维斯把红线给了德佩罗，并且把一根针绑在他的腰间，使他看起来更像一个骑士。霍维斯的那些话和他的行为给了德佩罗力量。厨师因为正在尝一锅美妙的汤而没有选择杀死去地牢的德佩罗。

公主是作者精心塑造的一个美丽、温柔、宽容的形象，她不但深爱她的父母，而且对手脚笨拙的侍女米格也是宽厚有加，她甚至会去关爱一只小老鼠。公主即使在最危难的时刻也没有放弃她的温柔与对他人的期待。就在米格一步步紧逼公主的时候，公主注视着她，一次次温柔地问她："米格，你需要什么？"就是在她的注视下，在她的温柔中，米格把刀转向了其他老鼠。

这是一个关于追求梦想的故事

故事中的德佩罗爱上了公主，从她看他的第一眼起，能够"英雄救美"就成了他的骑士梦想。

老鼠齐亚罗斯库洛在看到火柴光的那一刻，就愿意去追求光明，为此他冒险走入另一个世界。他第一次看到光明，他在枝形吊灯上，看着宴会厅的热闹与繁华，亲近着自己的梦想。

米格想成为一个公主，虽然她贫穷，虽然她愚笨，虽然她不被认可，但在她的心中，她离公主只有一步之遥。

每个人追求梦想的路是不一样的。德佩罗不去啃书而去看书，冒着危险去听音乐，在走出阴暗的地牢后，为救公主再次走入地牢，他是一个理智地追求梦想的老鼠，他又是一个勇敢地追求梦想的老鼠，因为他的理智与勇敢，使他最终实现了自己的梦想。

而老鼠齐亚罗斯库洛本来是勇于追求光明的，但是因为一次受挫，因为他认为的公主憎恶的目光，便尝试用"罪恶"的报复去对待自己本来很喜欢的公主，想把公主永远囚禁在地牢里。这是追寻梦想的路上的另一种选择，这种选择不但破坏了别人的人生，自己也永远不会再有美好的生活了。

米格呢，她本来是一个被父亲卖掉的女孩，在那个叔叔家经常受到虐待，她曾经看着公主一家在她家附近走过，于是她知道了原来世界上还有如此美丽的公主。一个偶然的机会，她随着运送锅勺的马车来到皇宫，成了宫中的一名侍女，可是她的工作做得很糟。她想成为公主，所以很快便成了老鼠齐亚罗斯库洛的帮凶，她认为只要把公主的衣服和她自己的衣服进行调换，她就可以成为公主了，这就是她不切实际的梦想。

不同的态度就会获得不同的人生。

这是一个关于坚守忠诚的故事

故事的题目虽然写着"浪漫"，但是故事却把读者一次次带入了黑暗之中，有时那黑暗压抑着我们的心，让我们想要挣脱，想要把这本书放下，但每一次又都会有一点光明让我们不至于丧失信心，接着读下去。作者就是在

第三章 儿童小说的阅读

无边的黑暗中，时常给我们一点光明，让我们的心灵随着挫折与变化不断起伏。我不认为这是作者的刻意设置，我想这是出自作者对一些问题的深沉思索。她在不断地追问与回答中挥动她的笔，她在矛盾与成长中前行，我们的心灵也随之完善。

书中的德佩罗没有背叛，他没有背叛他的爱，没有背叛他的梦想，他不管在什么情况下，都爱着豌豆公主，他选择了坚持而不是放弃。当然，还有米格在最关键的时刻，选择了保护公主，没有走到背叛的尽头。

就像作者在一开始就告诉我们的——"世界是黑暗的，光明是宝贵的。"人都有生活在"黑暗"之中的时候，对前途和命运的未知，挫折和失望的打击让我们的心无处落脚。但是，无论怎样，心中都应该抱有希望，都应该珍视梦想，只有这样，希望之光才能把我们带到我们想去的地方。

我们应该记住一个名字，就是这本书的作者凯特·迪卡米洛，她用独特而细腻的语言给我们讲述了一个动人的故事，很多话令人难以忘记。作者仿佛把爱这颗璀璨的钻石放在了一块漆黑的幕布上，在爱与背叛的交织中，我们的心起起落落。故事究竟在告诉我们什么呢？我想不同的读者会有不同的感受，但是无论如何，就像作者自己说的："故事就是光明。"这个故事就像是黑暗中的一束光，照射进我们渴望光明的心灵，给我们无尽的遐想与思索。

▲【阅读小贴士】

人都有生活在"黑暗"之中的时候，对前途和命运的未知，挫折和失望的打击让我们的心无处落脚。但是，无论怎样，心中都应该抱有希望，都应该珍视梦想，只有这样，希望之光才能把我们带到我们想去的地方。

永恒与可能

——读《企鹅的故事》

《企鹅的故事》是奥地利作家克里斯蒂娜·涅斯特林格的作品，这部作品获得了国际安徒生奖。

《企鹅的故事》是一个关于爱的故事，爱是人类永恒的主题，在这个故事中有成人的爱，有孩子的爱，有社会的爱；有美好幸福的一面，也有孤独无奈的一面。当企鹅爱上猫的时候，无奈就已经开始了，因为在人们看来，这永远都是不可能发生的事情。

比尔鲍尔与爱玛的爱，是成人之爱，他们之间虽然有爱，但是彼此并没有感到幸福，所以最终他们分手了。他们为爱而高兴，为爱而烦恼。

埃马努尔爱自己的妈妈（虽然妈妈已经离开了他），爱自己的爸爸，爱姑奶奶阿蕾莎，爱企鹅，爱代课的女教师（因为这位女教师极其像她已经去世的妈妈）。他曾经因为女教师的到来愉快而勤奋地学习，他也曾经因为女教师的离去而放弃上学。这是一个孩子纯真的爱，他因为喜爱而高兴，因为喜爱而烦恼。

姑奶奶阿蕾莎一生孤独，从小失去父母，没有结过婚，没有自己的孩子，在她生命的最后旅程中来到了埃马努尔家，才享受到爱。她心甘情愿地做着一切家务。她爱她的侄子比尔鲍尔，爱她的侄孙子埃马努尔，但是她又怕失去他们的爱。她为爱而高兴，为爱而烦恼。

还有一个特殊的人物——西门比尔格太太，她一个人生活，她很怕冷，即使是夏天也需要做各种保暖措施。她对埃马努尔很好，经常为他收集火柴盒。后来她收养了一只同样因为失去爱而惧怕寒冷的老肥猫，她把她的爱给了这只猫。她为猫而高兴，为猫而烦恼。

那只企鹅，那只生错了地方的企鹅，它本来应该出生在南极（北极当然也不错)，但是它没得选择，它出生在埃马努尔的动物研究所里。这里没有其他企鹅，它看不到自己的全貌，只能看到自己的下半身，它也没有朋友。埃马努尔一家对企鹅非常好，但是企鹅需要一个真正的同类做朋友，所以它选择了那只肥猫。它不辞辛苦地"嘎嘎"叫着向肥猫示好，但是引来了无数的烦恼。最后在作者的安排下，它才和肥猫友好相处。它应该是最烦恼的了。

《企鹅的故事》并不只是一只企鹅的故事，这是一个和企鹅有点关系的故事，故事的主人公还是人，是企鹅的主人埃马努尔。当然，这个故事因为作者的独特安排，不仅属于书中的人物，还属于每一位读者。

作者为读者安排了三个故事结局：第一个是悲惨的结局，第二个是大团圆的结局，第三个是贴近现实的结局。读这本书，就像坐在作者的对面，听她给我们讲故事。讲的过程中作者会不时停下来，问我们的感受，给我们做些解释，同时还告诉我们应该怎样讲故事。尤其是故事的结局，作者不但想读者之所想，安排了不同的结局，同时让对这个故事看得还不过瘾的读者，可以续编故事，因为作者还为读者提供了不同的故事线索，让故事可以向着其他方向继续下去。

作者这样写故事，让读者好像站在饭店透明厨房的外面，不但能吃到可口的饭菜，而且清楚了解饭菜的烹调过程，回家后自己也可以进行尝试。甚至在这样开放的厨房里，对厨师的厨艺不满意，还可以亲自下厨。这样的感受无疑是美妙的，因为读者不再是被动的，完全可以参与到故事当中，可以按照自己的想法继续这个故事。

《企鹅的故事》不只是企鹅的故事，更是人与人之间的故事。在这个故事中充满了偶然性，这些偶然性推动了故事的发展；这个故事中也充满了误会，误会让故事向着不同的方向发展。在现实生活中，也充满了太多的偶然性和误会，这些让人的生命历程有所改变，有所不同。但是，人不能寄希望于运气，而应该相信只有努力才能够改变命运。就像故事的第三个结局：埃马努尔的父亲比尔鲍尔先生更努力，从而让整个故事发生了变化。每个人都应该成为自己故事的主角，靠自己的努力去获得自己想要的生活。

一部很短的小说，让我们看到了作者非凡的想象力，让读者看到了人生，看到了动物与人，看到了自己。

【阅读小贴士】

在现实生活中，也充满了太多的偶然性和误会，这些让人的生命历程有所改变，有所不同。但是，人不能寄希望于运气，而应该相信有努力才能够改变命运。

每个人都应该成为自己故事的主角，靠自己的努力去获得自己想要的生活。

善待自己，悦纳他人

——读《苦涩巧克力》

《苦涩巧克力》描写的是十五岁的女孩艾芳因为肥胖而感到自卑和孤单，她常用吃巧克力来排解自己的苦闷。直到有一天，她遇见了男孩米契，艾芳第一次尝到了被尊重的滋味。最后，米契由于家庭的原因，不得不离开艾芳，而艾芳却没有因为分离而消沉。因为相互欣赏，她已经悟出并不是她身上的赘肉把她与外界隔开，而是她自己内心的想法。在这个过程中，她不但学会了如何接纳自己，也学会了与别人沟通的艺术。

《苦涩巧克力》通过艾芳的成长给读者展示了一种心态，就是要积极地去面对缺陷。本书特别高明的一个地方就是把人生深奥的哲理蕴含在了艾芳的一举一动之中。

艾芳是一个学习不错的学生，但是因为肥胖，她有深深的自卑感，因此也很少和人交流。那艾芳是如何从自卑中走出来，变得自信起来的呢？自信不是凭空产生的，一是要有他人的认可，二是要能够看到自己的长处。艾芳感觉到班里的同学认同她的想法，米契喜欢跟她沟通，范西丝卡能跟她做朋友，她这才一点点地自信起来，能够笑着面对自己的肥胖。走在减肥这条路上的艾芳，像所有减肥人一样，难以拒绝食物的诱惑，在书中有大量描写她吃东西的细节。

每个人的性格都是在和他人的相处中逐渐形成的。艾芳之所以用巧克力排解自己的苦闷，是因为在她很小的时候，由于和幼儿园好友分离，她哭得很伤心，有位阿姨给她巧克力吃，才止住了她的哭声。从此，她痛苦的时候就会吃巧克力。

如何和他人相处？这是当下孩子最难处理的事情。因为经过了一个独生子女时代，这些当年的独生子女现在也已为人父母，由于他们从小没在家庭里经历和兄弟姐妹相处的种种矛盾冲突，没有积累与人相处的经验，不知如何坚持原则或者做出让步，于是这些家长在教育子女的时候，也会出现同样的问题。加上这是一个网络时代，人与人真实的沟通逐渐减少，这就造成了与人相处的困境。有许多悲剧的发生就与沟通不顺畅有很大的关系。

人与人相处，需要善待自己和悦纳他人。怎么样叫善待自己？不是我想吃就吃，想喝就喝，想玩就玩，想乐就乐，那是放纵自己。善待自己，恰恰是克制自己。善待自己最好的办法，就是让自己发展得越来越好。在我们身边总是有这样的人，因为地域、家庭等原因，会和我们不一样，这并不能证明他们是不好的。悦纳他人，就是接纳别人和我们不一样。一个善待自己的人，也会悦纳他人。为什么？因为能从不同的人身上学习。

欣赏是会产生力量的，艾芳因为米契的欣赏而不断改变着自己。而艾芳的家人却没有给艾芳提供这种力量。这不禁让我思考一个问题：家庭究竟能够带给孩子什么？艾芳的奶奶重男轻女，在奶奶家，艾芳体会到的是不被重视。在自己家，父母对她也是如此，只是要求她，而从来不关注她，不关心他为何如此爱吃。好的父母一定是能够了解孩子的心思，并且给孩子提供实质帮助的。当然这个帮助不只是满足孩子的生活需求，还要能够为孩子提供学习支持、心理支撑。很显然，艾芳的父母没有做到，她妈妈所有的事都听她爸爸的，对女儿有所了解，也不敢提出自己的想法。失去家庭支持的艾芳才变得越来越自卑。

第三章 儿童小说的阅读

《苦涩巧克力》的作者是德国作家米亚姆·普莱斯勒，1940年生于德国中部的达姆市，她曾经营一家牛仔服装店8年。书中写了艾芳两次买牛仔裤的情景：第一次艾芳在照镜子的时候，她认为穿大尺码的衣服女店员会笑话她；第二次艾芳和范西丝卡去服装店买牛仔裤的时候，又有了另外一番情景。作者亲眼看见过很多女孩子来服装店买衣服，也用心观察过像艾芳这样的女孩子买衣服时的犹豫、自卑，所以书中对艾芳的那种状态写得很传神。另外，这本书中有多处描写艾芳吃东西的细节，这些语句是小学生学习写作的典范。家长完全可以和孩子一起欣赏，然后让孩子模仿书中语言写自己生活中的细节，一定会带来不一样的感受。

▲【阅读小贴士】

人与人相处，需要善待自己和悦纳他人。

善待自己，恰恰是克制自己。善待自己最好的办法，就是让自己发展得越来越好。

一个善待自己的人，也会悦纳他人。为什么？因为能从不同的人身上学习。

好的父母一定是能够了解孩子的心思，并且给孩子提供实质帮助的。当然这个帮助不只是满足孩子的生活需求，还要能够为孩子提供学习支持、心理支撑。

实践是成长的大路

——读《海蒂的天空》

《海蒂的天空》这本书版面字数有163千字，对于同学们来说，还是有一定挑战的。

"从小失去双亲的海蒂一直过着寄人篱下的生活，不停地在亲戚家之间'穿梭'。她对于不得不看别人脸色过活感到十分厌倦。当她听到从未谋面的查斯特舅舅在蒙大拿留下一大片土地让她继承时，她决心离开这个自己不是很喜欢的家，尝试去寻找完全属于自己的天空。对于人生地不熟的海蒂来说，在一块全然陌生的土地上建立一个新家是一份颇具挑战性的工作。"海蒂从小失去了双亲，过着寄人篱下的生活。这里面用了一个词"穿梭"，让读者感觉到海蒂是生活在不同的环境里，没有归属感。

"在努力垦荒的过程中，她领悟到，原来离家的目的是为了寻找一个更好的归宿。她不但有了朋友，而且收获了青涩的爱情。虽然蒙大拿并不是她的终点，但在她今后的人生道路上，蒙大拿之行一定会成为她永不磨灭的记忆。"海蒂有了朋友，有了爱情，那里还有她永不磨灭的记忆，一定发生了很多很多的事情。她是怎样收获爱情的？怎么获得友情的？这也是要关注的焦点。

"在蒙大拿那时而蔚蓝时而阴霾的天空下，海蒂收获了她人生中最宝贵的情感。"这里的情感是友情还是爱情？"无论她还将漂泊何方，她将勇敢地面对未知的前程。"她除收获了情感之外，还收获了人生的经验，让她可以去面对很多困难，用很好的方式去对待生活。

这本书的作者是美国的克比·莱森。克比花了三年的时间创作《海蒂的天空》，这期间，她曾造访蒙大拿数次。她不知花了多少时间，待在积满厚厚灰尘的法院数据室和报纸储藏室里寻找资料。克比于2007年凭借《海蒂的天空》荣获纽伯瑞儿童文学奖银奖。作者在写这本书之前并不喜欢历史，因为研究她曾祖母在蒙大拿垦荒的资料，结果对历史产生了浓厚的兴趣。《海蒂的天空》中的描写具备真实性，支撑当时的那种社会状况的那些数据或者描写，都是来自作者克比对过去资料的研究。

故事的主人公海蒂也是这样的，她开始不喜欢那片土地。当她离开以后，才知道那片待开垦的土地所带给她的是成长，所以她才会去回忆，戴着玫瑰色的眼镜去回忆。人就是这样，当经历过困难以后，再回头看走过的路时，看到的常常是自己的发展、变化、成长。

"还好，在我的草原拼布被上，这几个令人心碎的回忆仅占其中的几小块。"海蒂说了令人心碎的回忆仅占其中的几小块，就是说不愉快的、让她的内心受到伤害的回忆还是比较少的。海蒂真的有一床被子叫"草原拼布被"吗？显然不是这样的，海蒂从踏入陌生的境地，到慢慢地熟悉，到慢慢地适应，有一个过程，大概是一年。如果你曾经转学过，从一个熟悉的学校转到一个陌生的学校，面对陌生的班级、陌生的老师，会给你留下很深的印象，你的生活就像是拼接在一起的。海蒂也是这样，她在草原上的生活是全新的，充满着挑战，所以她说到的是"在我的草原拼布被上，这几个令人心碎的回忆仅占其中的几小块"，一是回顾了她的生活，她觉得美好的生活还是很多的；二是从作者幽默的表达中可以看出来，草原的生活好像是一截一截的，一片一片的，整个地把它拼起来，才是她在草原上将近一年时光的集合，就像一床被子厚实温暖，让她有踏实的感觉。

"我在自己身上找到了家，也在别人心里找到了家。"海蒂是没有家的，五岁的时候父母双亡，她没有一个固定的家。这里的家，一是指她的物理意义上的家，比如说一座房子；二是指她精神意义上的家，就是她认为这应该是她的家，是一个温暖的地方。后来她到蒙大拿州垦荒的时候，她是有一个小房子的，她觉得她有能力去建设一个属于自己的家。"我在自己身上找到了家"，因为她的精神是在成长的，她从原来的不认同的家到亲自去建设家，她在自己身上发现了，只有自己去建设，才能找到自己的家。"也在别人心里找到了家"，别人是指她的亲戚以及她所接触到的那些人。她有了依恋感，她通过各种事情，通过帮助别人，与"别人"建立了比较牢固的情感关系，她感觉有了这种情感关系，家就不只是一个人。在别人的心里找到家，关爱自己的家人，孝敬自己的长辈，因为他们在，家就在，如果他们不在了，家就不完整了。

"有一件东西我没带走：四处为家的海蒂。我不会想念她，一点儿也不。""四处为家的海蒂"，一个含义是说她的漂泊，另一个含义是表达了她内心的不认同。但是这样的一个海蒂，在蒙大拿州将近一年的时间里已经不再存在了，为什么？她找到了自己物理空间的家，也找到了自己的精神家园。你看她说"我不会想念她，一点儿也不"，因为她已经和自己的过去说再见了，那样的一个海蒂已经不存在了。

本书最后的一句话："我坐稳了，面向着西部。"她要去干什么？大家知道她收到了一个邀请，她要去改变她的人生。但是"我坐稳了"，是非常非常重要的一点，就是她已经做好了一切准备去迎接新的挑战，她可能会成功，也可能会失败，但是人生不能以成功和失败来形容。面对新的生活，她是信心十足的。

第三章 儿童小说的阅读

"海蒂的天空"究竟是什么样的天空？可以看封面上的这句话："在蒙大拿那时而蔚蓝时而阴霾的天空下，海蒂收获了她人生中最宝贵的情感。无论她还将漂泊何方，她将勇敢地面对未知的前程。"这好像就是这本书所要传递的精神力量。一个小姑娘自小就是孤儿，随着她的长大，她已经能够面对周围所有的生活、所有的挑战。"海蒂的天空"不只是真正能够看得到的天空，也指心灵空间。每一个人的内心都可以变得很强大的，只要真正用心去感受生命真正去磨炼自己。

作为家长，要为孩子提供真实体验的空间，让孩子尽量从虚拟的游戏世界中走出来。通过真实的体验，让孩子掌握最基本的生活和生存技能，成为一个真实的人。就像孩子在虚拟的空间渡过一个一个的难关一样，在现实生活中孩子也需要不断地努力去渡过一个一个的难关，面对各种挑战。要学会洗碗、扫地、擦桌子等家务，甚至要学会做一些简单的菜。孩子一定要学会做一些最简单的事情。为什么？因为这是人生存的基本需求。学习这些的过程就是体验的过程，也是锻炼的过程，更是心灵成长的过程。真正学会做一些事情，孩子对家才会有归属感，才是家庭中的一员。

读书能够促进思考，让思考更加有广度和深度，读书能够开阔眼界，眼界越高，格局就越大。

【阅读小贴士】

孩子一定要学会做一些最简单的事情，为什么？因为这是人生存的基本需求。学习这些的过程就是体验的过程，也是锻炼的过程，更是心灵成长的过程。真正学会做一些事情，孩子对家才会有归属感，才是家庭中的一员。

自己探寻的意义

——读《神秘的公寓》

《神秘的公寓》的主角是诺拉。诺拉年龄很小的时候失去了双亲，寄人篱下。她寄养在达格家的时候，他们家搬到了一座神秘的公寓里。她和达格一家的关系在本书中没有写特别多。但是可以感受到，达格的父母非常尊重诺拉，有时候不跟达格聊天，也要有意识地跟诺拉聊天，他们就是想让诺拉减轻心理负担，能够健康、快乐地成长。诺拉其实能够感受到达格的父母对她的关照，以及达格对她的帮助和爱护。达格是非常优秀的男孩子，对于诺拉来说，不但是现实生活中的一个支撑，也是在精神和心理上的一个支柱。

来到神秘公寓之后，发生了很多事情，诺拉步步追踪。她去找了胡尔达等人，去了很多场所，去探究事情的真相。在探究过程中，诺拉变得成熟起来了。比如，她接到神秘的电话之后，本能的反应是让自己不应该把这个电话告诉达格，告诉达格父母，更不能告诉外人。探视胡尔达的时候，跟胡尔达聊了很多，但是她并没有把这个秘密告诉别人。当她有一天知道了，她自己的外祖母和那个阿格妮丝是姊妹的时候，她就非常理智地去找外祖母，和她的外祖母进行交流，她要探究事情的真相。诺拉独自坐火车去探视胡尔达，还给胡尔达送鲜花或者带礼物。她外祖父把她送到车站的时候，她也很理智地跟她的外祖父进行交流。

这部作品的主题，第一，主要是讲家庭，诺拉的家。诺拉的父母在车祸中都去世了，她成了孤儿，被亲戚收养，但是，她并没有很快、很好地融入这个家庭之中，她内心很痛苦，她多次生病，和体质有关系，也和她的心情有关系。有时候，生病也是一种逃避，生病了更容易获得别人的关注和疼爱。生活中有些孩子经常会生病，有时候是身体不强壮的原因，有时候也是心理不够强的原因。诺拉的内心肯定是有一定的问题的，但没人关注她，认为她已经找到一个好人家，可以好好生活了。其实，诺拉内心的孤独是没有人从根本上去关注、去体会的。诺拉去探索神秘事件的时候，她的注意力转移了，从她觉得老天对自己那么不公平转移到了去探索那个神秘的世界。在一步一步的探索中，她的内心也变得强大起来。她发现，原来有人比她更痛苦，但仍然坚强地生活、面对，所以她没有理由消极面对。后来，诺拉的身体也慢慢好起来，证明她的内心是在逐渐强大的。

家庭关系，有时候会困扰我们，限制我们的发展。生活中，有很多家庭看上去是幸福的，但有的孩子的幸福感却比较低，父母对孩子的爱令孩子体会不到或认为是天然的、应该的，所以孩子的内心并没有觉得温暖、鲜活、充实，他们对生命、生活的价值、意义缺少感知能力。每个生命的价值和意义一定要通过做一些有意思、有意义的事来证明、体现。因此，孩子要读书，要写作，要有自己的爱好特长，去打球，去弹琴，去唱歌，去游泳，去跑步，去做一切有价值和意义的事情，来让自己变得充实起来。所以我们也提倡让孩子多参加一些体力劳动、体育活动，一方面可以增强孩子的体质，另一方面也是对孩子的精神和意志的训练。

我们生活在一个人工智能转型的时代，人工智能能帮助人们解决很多生活的问题，但是无法解决人们内心的问题，不可能让我们的精神强大起来，不可能让我们的意志更加坚强，这个唯有靠我们自己去训练和磨炼。

第二，劳动教育书中谈到了学校生活，诺拉要外出学习，甚至要到工厂里去学习。这就是基本的劳动教育。现在的学生则有了外出考察、参观博物馆等实践活动。学生不能死读课本，还要有实践的能力，这是一个社会对教育提出的要求和评价的标准。

作品中所反映的时代是一个工业时代，它要求学生具有基本的技能，所以学生要去工厂学习。而在我们的观念里，读书是最重要的，去实践、去做事却没有读书考大学那么重要。于是就出现了没有实践能力，没有真正的操作能力，不愿意融入社会的一批人，这显然是一个社会的悲哀，也是一个家庭的无奈。根源在哪里？值得我们每一个人认真思考。

这本书对我们还有这样一个启示：对孩子进行教育，不但要提供条件让他们读书，更要创造条件让他们去实践，让孩子到生活中体验生活，找到自己的位置，这样孩子才有勇气面对自己遇到的困难。明确生活的价值，发现人生的意义，这样的生活才有动力。

▲【阅读小贴士】

每个生命的价值和意义一定要通过做一些有意思、有意义的事来证明、体现。我们也提倡让孩子多参加一些体力劳动、体育活动，一方面可以增强孩子的体质，另一方面也是对孩子的精神和意志的训练。

对孩子进行教育，不但要提供条件让他们读书，更要创造条件让他们去实践，让孩子们在生活中体验生活，找到自己的位置，这样才有勇气面对自己遇到的困难。